Deutschbuch

Trainingsheft für Klassenarbeiten und Lernstandstests

5

Herausgegeben von
Bernd Schurf und Andrea Wagener

Erarbeitet von
Gerd Brenner, Heinz Gierlich,
Cordula Grunow, Markus Langner,
Norbert Pabelick und Bianca Weber

Cornelsen

Inhaltsverzeichnis

Lerntipps

Für eine Arbeit üben

Dein Erfolg in einer Klassenarbeit hängt stark davon ab, wie du dich zu Hause vorbereitest. Beim Üben gibt es ganz verschiedene Angewohnheiten.

1 *Überprüfe, wie du selbst normalerweise übst. Kreuze dazu in jeder Zeile ein Kästchen an.*

	Das mache ich immer.	Das mache ich ab und zu.	Das mache ich nie.
1. Ich beginne mit dem Üben zu einem Zeitpunkt, den ich vorher festgelegt habe.	☐ C	☐ B	☐ A
2. Auf meinem Schreibtisch habe ich alle meine Lieblingsdinge liegen.	☐ A	☐ B	☐ C
3. Ich übe an ganz verschiedenen Plätzen (Bett, Schreibtisch, Boden ...).	☐ A	☐ B	☐ C
4. Ich warte, bis meine Eltern mir sagen, dass ich üben soll.	☐ A	☐ B	☐ C
5. Wenn es Probleme gibt, informiere ich mich so lange, bis ich eine Lösung habe.	☐ C	☐ B	☐ A
6. Wenn ich übe, sind auf dem Tisch nur Sachen, die ich dazu brauche.	☐ C	☐ B	☐ A
7. Ich verschiebe das Üben auf den Abend vor der Klassenarbeit.	☐ A	☐ B	☐ C
8. Zum Üben habe ich einen festen Platz, auf dem alles Wichtige liegt (Bücher, Stifte, Übungsheft etc.).	☐ C	☐ B	☐ A
9. Ich verteile das Üben auf mehrere Tage.	☐ C	☐ B	☐ A

2 *Gib dir selbst Punkte für schlaues Üben. Notiere 0 Punkte für die Antworten A, jeweils 1 Punkt für die Antworten B und 2 Punkte für die Antworten C. Wie viele Punkte hast du insgesamt?*

3 *Überlege dir, wie du deine Punktzahl erhöhen kannst. Mache dir dazu hier Notizen:*

____

____

____

____

____

____

____

____

Zum Umgang mit dem Trainingsheft für Klassenarbeiten und Lernstandstests

Dieses Heft hilft dir, gezielt für Klassenarbeiten zu üben. Die folgende Übersicht zeigt dir zunächst, welche Arten von Klassenarbeiten du in Klasse 5 zu erwarten hast. Finde heraus, welche Klassenarbeit du demnächst schreiben wirst.

1 *Kreuze in der folgenden Tabelle den Aufgabentyp an, den du in der Klassenarbeit erwartest. (Die Ziffern beziehen sich auf den Kernlehrplan Deutsch.)*

2 *In der Zeile, die du angekreuzt hast, sind Seitenzahlen angegeben. Schlage nach und mache die dort zusammengestellten Übungen, dann bist du optimal vorbereitet.*

Kreuze hier an	Aufgabentyp	Erläuterungen	Übungen
☐ 1a	Erzählen, was man erlebt, erfahren oder sich ausgedacht hat.	Du sollst erzählen, was du wirklich erlebt hast. Möglicherweise bekommst du auch ein paar Stichworte, die du zu einer ausgedachten Geschichte ausgestalten sollst.	S. 5–9
☐ 1b	Zu Bildern etwas erzählen.	Manchmal musst du die Bilder erst noch in eine richtige Reihenfolge bringen; dann sollst du in einer bestimmten Weise (z. B. lustig oder spannend) erzählen.	S. 10–12
☐ 2a	Etwas sachlich beschreiben und dabei Material nutzen.	Bei dem Material kann es sich um Fotos, Zeichnungen und kurze Texte handeln.	S. 13–16
☐ 2b	Etwas, das man beobachtet hat, sachlich beschreiben.	Du sollst z.B. ein Tier oder einen Gegenstand möglichst genau beschreiben.	S. 17–20
☐ 2b	Über etwas, das man beobachtet hat, sachlich berichten.	Du sollst den Ablauf eines Geschehens möglichst genau wiedergeben.	S. 21–24
☐ 3	Zu etwas Stellung nehmen und dabei die eigene Meinung begründen.	Zu etwas, das ihr diskutiert habt, sollst du persönlich Stellung beziehen und deine Argumente nennen.	S. 25–28
☐ 4a	Fragen zu einem literarischen Text beantworten.	Bei dem literarischen Text kann es sich z. B. um einen Auszug aus einem Jugendbuch, um eine Geschichte oder ein Gedicht handeln.	S. 29–32
☐ 4b	Mehreren verschiedenen Texten Informationen entnehmen und diese vergleichen.	Bei den Texten handelt es sich um Sachtexte, z. B. aus einem Lexikon oder einem Jugendmagazin, auch Grafiken.	S. 33–36
☐ 5	Einen Text überarbeiten (verbessern).	Du bekommst gesagt, auf was du dich konzentrieren sollst, z. B. auf eine sinnvolle Verwendung bestimmter Satzteile, auf Rechtschreibung oder Zeichensetzung.	S. 37–43
☐ 6	Einen Text nach einem bestimmten Muster umschreiben.	Du bekommst einen Text und machst daraus einen anderen, z. B. ein Märchen, einen Brief oder eine Gruselgeschichte.	S. 44–47
☐ 6	Einen angefangenen Text nach einem bestimmten Muster fortsetzen.	In diesem Fall ist der Text bereits angefangen; du musst die Textart erkennen und den Text sinnvoll fortsetzen.	S. 48–51

3 *Schreibe eine Klassenarbeit zur Probe (▷ S. 52–55) unter denselben Bedingungen, wie du sie auch „in echt" vorfindest. Das hilft dir, deine Zeit einzuhalten und dich an die Testsituation zu gewöhnen.*

Geschichten aus dem Schulalltag – Spannend und anschaulich erzählen

Bei dieser Art von Klassenarbeiten können dir unterschiedliche Anforderungen begegnen. So könnte es sein, dass du über etwas **Erlebtes** (z. B. eine Klassenfahrt, die erste Schulwoche, das Sportfest) erzählen sollst oder aber über etwas **Erdachtes** (z. B. Traumschule, Abenteuer). Es kann aber auch sein, dass du zu vorgegebenen Reizwörtern oder zu Bildern erzählen sollst.

Aufgabenstellung

Stell dir vor, dein Klassenarbeitsthema lautet:

Unsere Kennenlernfahrt – Erzähle möglichst spannend und anschaulich von einem Erlebnis, das du auf der Kennenlernfahrt mit deiner neuen Klasse hattest.

A Was wird von mir verlangt?

1 *Erschließe dir die Anforderungen der Aufgabenstellung mit Hilfe des folgenden Lückentextes. Nutze dazu den Wortspeicher. Vergleiche anschließend deine Antworten mit der Lösung.*

a) In meiner Geschichte soll ich über etwas ______________________ schreiben.

b) Meine Geschichte muss ich so aufbauen:

1. ______________________
2. ______________________
3. ______________________
4. ______________________

c) Das Tempus in meiner Geschichte ist das ______________________.

d) Anschaulich und spannend kann ich meine Geschichte mit folgenden Mitteln gestalten:

1. ______________________
2. ______________________
3. ______________________
4. ______________________
5. ______________________

abwechslungsreiche Satzanfänge
wörtliche Rede
Schluss
Präteritum
Erlebtes
Hauptteil
ausdrucksstarke Verben
Einleitung
anschauliche Mitteilung von Gefühlen und Gedanken
Überschrift
treffende Adjektive

B Ideen sammeln

1 *Vervollständige den **Ideenstern**, indem du eigene Ideen hinzufügst. Falls du keine Kennenlernfahrt gemacht hast, kannst du auch einen Ideenstern zu den Themen: „Die erste Woche in meiner neuen Schule", „Meine Sommerferien", „Meine Herbstferien", „Unser Klassenausflug", „Unser Sportfest" oder zu einem anderen Thema, zu dem du eine Erzählung schreiben möchtest, in deinem Heft erstellen.*

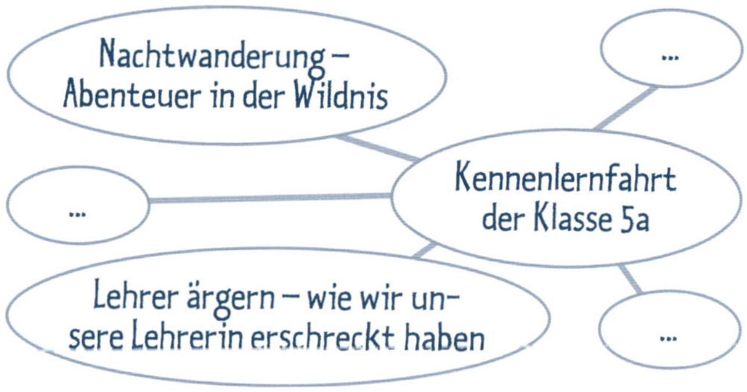

TIPP

Eine Möglichkeit, Ideen zu sammeln, ist die Anfertigung eines **Ideensterns.** Dieser kann dir helfen, deine Gedanken zu sortieren und ein geeignetes Thema für deine Erzählung zu finden.

2 *Entscheide dich nun für ein Erlebnis, über das du erzählen möchtest. Denke daran, es sollte möglichst gut geeignet für eine spannende Erzählung sein.*

Ich entscheide mich für das Thema: ____________________

C Einen Schreibplan erstellen

Um eine Geschichte spannend zu erzählen, musst du dir vorher Gedanken zum Aufbau machen. Dies machst du am besten schriftlich und stichpunktartig in Form eines **Schreibplans.**

TIPP

Zum **Aufbau einer Geschichte** gehört, dass sich die **Spannung steigert.** Bei der Lesefieber-Kurve steigt nach der Einleitung langsam die Spannung und kommt schließlich zum Höhepunkt, bevor sie zum Schluss wieder abfällt.

1 *Hier liegt dir ein ausgefüllter Schreibplan zu einer Erzählung zum Thema „Nachtwanderung" vor. Überlege dir einen Schreibplan zu dem Thema „Lehrer ärgern".*

Erzählschritte	Erzählung 1	Erzählung 2
Überschrift	Markus ist weg!	
Einleitung	Klassenfahrt	
Hauptteil	1. Nachtwanderung	
	2. Markus ist verschwunden	
	3. Suche nach Markus	
	4. Markus wird gefunden	
Höhepunkt	Angst um Markus	
Schluss	Rückweg zur Jugendherberge	

2 *Erstelle nun einen Schreibplan für **deine** Erzählung in deinem Heft (vgl. Aufgabe 1).*

3 *Wo ist der Höhepunkt deines Erlebnisses? Fertige in deinem Heft eine Lesefieber-Kurve (▷ Umschlagsinnenseite) zu deiner Geschichte an und markiere deinen Höhepunkt mit einem Kreuz.*

D Übungen zum spannenden Erzählen

Bevor du anfängst, deine Geschichte aufzuschreiben, musst du dir über die **Erzählschritte** sowie über die **sprachliche Ausgestaltung** Gedanken machen. Folgende Informationen und Übungen können dir helfen.

TIPP

Deine **Einleitung** soll in die Erzählung einführen und neugierig machen. Dies gelingt dir, wenn du **Schlingen** auslegst, um die Leser zu fesseln. Du kannst z. B. von harmlosen Situationen erzählen, die plötzlich gefährlich werden, Vorausdeutungen machen oder falsche Fährten legen.

1 *Welche der folgenden Einleitungen würdest du für die Geschichte „Markus ist weg!" bevorzugen? Markiere die ausgelegten Schlingen und begründe anschließend.*

A

Letzte Woche sind wir mit unserer neuen Klasse auf Kennenlernfahrt nach Hagen gefahren. Nach dem Kofferauspacken und Bettenbeziehen gingen wir im Wald spazieren. Dann gab es Mittagessen und unser Klassenlehrer fragte uns, ob wir eine Nachtwanderung machen wollten. Um 22 Uhr trafen wir uns am Waldrand.

B

Letzte Woche sind wir mit unserer neuen Klasse auf Kennenlernfahrt nach Hagen gefahren. Hinter der Jugendherberge befindet sich ein tiefer und dunkler Wald und für uns alle war sofort klar: Wir machen eine Nachtwanderung! Ein paar Mädchen und auch ein Junge deuteten zwar an, dass sie Angst hätten, aber auch diese waren schnell überzeugt. Dachten wir zumindest.

C

Letzte Woche sind wir mit unserer neuen Klasse auf Kennenlernfahrt gefahren. Nach ein paar aufregenden Tagen beschlossen wir am letzten Abend zum Abschluss eine Nachtwanderung durch den Wald, der direkt hinter der Jugendherberge liegt, zu machen. Wer hätte gedacht, dass sie so aufregend werden würde? Noch Wochen später war diese Klassenfahrt unser Gesprächsthema Nummer 1.

Begründung:

2 *Erstelle nun eine eigene Einleitung für deine Geschichte in deinem Heft. Beginne z. B. so:*
Letzten Freitag sind wir von unserer Kennenlernfahrt aus der Jugendherberge wiedergekommen. Ihr glaubt ja gar nicht, was uns dort Aufregendes passiert ist ...

3 *Der Hauptteil der Geschichte „Markus ist weg!" ist durcheinandergeraten. Ordne die einzelnen Erzählschritte, indem du die Sätze nummerierst. Es gibt mehrere Möglichkeiten.*

TIPP

Die **Erzählschritte im Hauptteil** einer Geschichte bauen inhaltlich aufeinander auf und führen so zum Höhepunkt.

1	Um 22 Uhr trafen wir uns an der alten Eiche vor dem Wald. Es war ganz schön gruselig, aber wir hatten alle Taschenlampen dabei.
	Wir hielten die Luft an. Wo war Markus? Was war passiert? Während die Mädchen sich fest an den Händen hielten, leuchteten wir die Umgebung ab. Mir war ganz schön mulmig zumute.
	Der Weg vor uns wurde immer dunkler und unheimlicher. Plötzlich schrie Peter entsetzt auf: „Markus ist weg, eben war er noch neben mir, aber jetzt ist er verschwunden!"
	„Lasst alle eure Taschenlampen an und wartet hier auf mich, ich bin gleich wieder da", flüsterte Herr Michaels und ging den Weg langsam um sich suchend zurück.
	Alle wurden still. Man konnte keinen Mucks mehr hören. Der Wind blies leise durch die Bäume, man konnte etwas Rascheln hören, Tiere möglicherweise. Aber keinen Markus.
	Langsam und vorsichtig bahnten wir uns in einer Reihe gehend den Weg durch den Wald. Unser Klassenlehrer Herr Michaels schien den Weg gut zu kennen.
	Ein paar Mädchen kreischten und fassten sich an den Händen, als hinter uns plötzlich mit lautem Schrei ein Uhu entlangflog. Meine Güte, hatten wir uns erschreckt.
	„Wir müssen jetzt einen kühlen Kopf bewahren", versuchte uns Herr Michaels zu beruhigen. „Seid mal alle ganz leise!"

4 *Welche Sätze gehören deiner Meinung nach zum Höhepunkt? Kreuze diese an.*

5 *Welche der drei im Tipp genannten Möglichkeiten liegt bei folgendem Schluss vor?*

Kurze Zeit später kam Herr Michaels mit Markus zurück. Sofort stürmten wir auf Markus ein und wollten wissen, was geschehen war. Er erzählte uns, dass er einen verdächtigen Schatten gesehen und sich vor lauter Angst einfach hinter einem Baum versteckt hatte. Den Rest des Weges nahmen wir Markus einfach in unsere Mitte. Nun brauchte er keine Angst mehr zu haben.

TIPP

Zum **Schluss einer Geschichte** löst sich die Spannung auf und die Lesefieber-Kurve sinkt wieder. Es gibt unterschiedliche Möglichkeiten, eine Geschichte zu Ende zu bringen. Du kannst sie ausklingen lassen, indem du:

- ☐ die Geschichte zu einem guten Ende bringst;
- ☐ auf den Anfang zurückgreifst;
- ☐ oder aber du lässt mit Absicht Fragen offen.

6 *Überlege dir einen anderen Schluss.*

TIPP

Eine Geschichte wird interessant, wenn du **spannend und anschaulich erzählst.** Dies kannst du beeinflussen, indem du

- □ vor allem im Hauptteil die wörtliche Rede verwendest;
- □ ausdrucksstarke Verben findest;
- □ Einzelheiten mit treffenden Adjektiven beschreibst;
- □ Gefühle und Gedanken anschaulich mitteilst;
- □ abwechslungsreiche Satzanfänge wählst.

7 *Verwendest du bei der wörtlichen Rede immer „sagte", klingt das auf Dauer eintönig. Überlege dir ausdrucksstärkere Verben, um zu verdeutlichen,* ***wie*** *jemand etwas sagt. Vermeide dabei Wiederholungen.*

Herr Michaels ~~sagte zu~~ Markus: „Sag mal, was hast du denn im Wald gesehen?" fragte

Markus sagte: „Nur so einen Schatten, aber der war unbeschreiblich groß. „Aha", __________

sagte Herr Michaels, „kannst du ihn näher beschreiben?" „Okay", sagte Markus, __________

„er hatte die Form eines riesigen Drachens, so ähnlich", sagte Markus, „wie in __________

dem Film, den ich am Wochenende gesehen habe." „Aha", sagte Herr Michaels, __________

„dann wissen wir ja, woher deine Angst kommt." „Wie hieß denn der Film?" ... __________

8 *Setze in deinem Heft das Gespräch mit mindestens fünf Sätzen fort. Achte dabei auf die richtige Zeichensetzung. Auf der Innenseite des Arbeitsheftes kannst du noch einmal nachschauen.*

9 *Erzähle nun dein von dir ausgewähltes Erlebnis spannend und anschaulich weiter.*

TIPP

Ausdrucksstarke Verben machen deine Erzählung lebendiger und spannender. Man kann viel besser miterleben, wie es den Personen ergeht und was um sie herum passiert.

E Checkliste zum Überarbeiten

Du hast deine Geschichte nun aufgeschrieben und bist eigentlich ganz zufrieden. Bevor du dein Heft jedoch zuschlägst und die Arbeit abgibst, solltest du noch einmal im Kopf folgende Checkliste durchgehen und überprüfen, ob du wirklich alle Punkte mit „ja" beantworten kannst. Falls nicht, überarbeite deine Geschichte entsprechend.

✔ Checkliste zum Schreiben einer spannenden Erzählung

ja	nein	Kriterien
□	□	1. Habe ich eine passende Überschrift gewählt?
□	□	2. Habe ich in der Einleitung Schlingen gelegt?
□	□	3. Ist mein Hauptteil spannend und anschaulich und enthält
□	□	▪ wörtliche Rede?
□	□	▪ treffende Verben?
□	□	▪ ausschmückende Adjektive?
□	□	▪ eine Beschreibung von Sinneseindrücken (sehen, hören, riechen, fühlen)?
□	□	▪ abwechslungsreiche Satzanfänge?
□	□	4. Hat meine Geschichte einen Höhepunkt?
□	□	5. Habe ich die Lesefieber-Kurve berücksichtigt?
□	□	6. Habe ich die Geschichte sinnvoll abgeschlossen?
□	□	7. Ist meine Geschichte logisch aufgebaut? (z. B. Reihenfolge der Ereignisse)
□	□	8. Habe ich das richtige Tempus (Präteritum) verwendet?
□	□	9. Habe ich meine Geschichte auf korrekte Rechtschreibung überprüft?

Gespenstergeschichten – Erzählen nach Bildern

Aufgabenstellung

Bringe die folgenden Bilder in die richtige Reihenfolge. Erzähle dann spannend und anschaulich die Geschichte.

A Was wird von mir verlangt?

1 *Was musst du tun? Kreuze die richtigen Antworten an.*

- ☐ Meine Geschichte sollte wahr sein.
- ☐ Ich soll meine Fantasie einsetzen.
- ☐ Ich muss die Bilder vorher ordnen.
- ☐ Ich schreibe erst mal, dann ordne ich die Bilder.

Spannend und anschaulich wird meine Geschichte, wenn ich ...

- ☐ ausdrucksstarke Verben und treffende Adjektive verwende.
- ☐ möglichst viel schreibe.

B Ideen sammeln

1 *Die Bilder sind durcheinandergeraten! Bringe sie in eine sinnvolle Reihenfolge und nummeriere sie.*

2 *Übertrage die Nummern in dein Heft. Notiere dir zu jedem Bild Stichworte. Lasse nach jedem Bild eine Zeile frei.*

3 *Ergänze in den freien Zeilen, was zwischen den Bildern passieren könnte.*

C Einen Schreibplan erstellen

1 *Um eine spannende Geschichte zu erzählen, musst du dir vorher Gedanken zum Aufbau machen. Dies machst du am besten schriftlich und stichpunktartig in Form eines* ***Schreibplans****.*
Formuliere nun für jedes Bild einen treffenden Satz und ordne ihn in den folgenden Schreibplan ein.

TIPP
Wenn du eine Geschichte erzählst, musst du im **Präteritum** schreiben. Am spannenden Höhepunkt kannst du aber auch ins **Präsens** wechseln.

Erzählschritte	Bild Nr.	Inhalt in einem Satz
Einleitung		
Hauptteil:		
Erzählschritt 1:		
Erzählschritt 2/Höhepunkt:		
Erzählschritt 3:		
Schluss:		

2 *Erstelle eine Lesefieber-Kurve für deine Geschichte (▷ S. 6 und Umschlagsinnenseite).*

D Übungen zum spannenden Erzählen

1 *Fülle die Lücken mit den passenden Satzanfängen.*

Aber | Nun | Plötzlich | Dafür | Sogleich | Sofort

Die beiden Gespenster Carl und Edward lebten schon sehr lange im Schloss und ihnen war mal wieder so richtig langweilig. ____________________ kam Carl eine Idee. „Du, Edward, im Augenblick haben wir doch Gäste in unserem Schloss, sollen wir die nicht mal richtig erschrecken? „____________________ holen wir unsere schwersten Rasseln aus dem Folterkeller und machen denen so richtig Angst.“ ____________________ setzten die beiden ihren Plan in die Tat um. „____________________“, sagte Carl, „wer könnte denn am meisten Angst vor uns haben?“ „Ich glaube, der Junge, der traute sich noch nicht einmal allein ins Bett. Das wird ein Riesenspaß.“ ____________________ machten sich die beiden auf den Weg. ____________________ waren es nur noch wenige Meter bis zur Tür des Jungen. Die Rasseln waren nun unüberhörbar. Die beiden setzten ihre grimmigsten Mienen auf …

TIPP
Abwechslungsreiche Satzanfänge bewirken, dass eine Erzählung nicht langweilig wirkt.

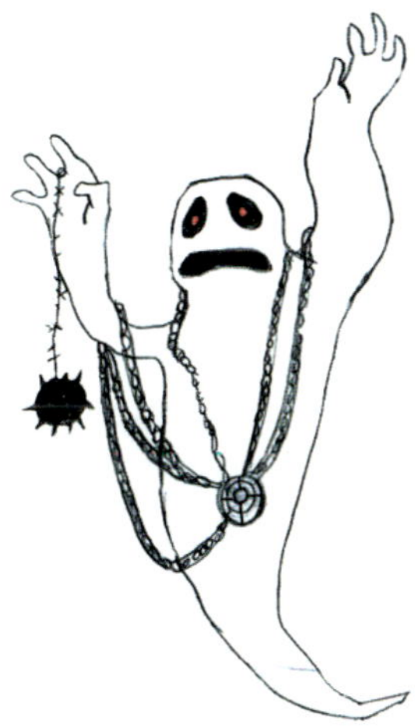

2 *Natürlich war Tim, der Junge, der erschreckt werden sollte, im ersten Moment auch ziemlich erschrocken. Dann aber … Finde unterschiedliche Möglichkeiten, die Aufregung und die Erleichterung Tims auszudrücken.*

Ich war aufgeregt.

Mein Herz rutschte in die Hose.

____

____

Ich atmete auf.

Ich war erleichtert.

____

____

TIPP

Besonders spannend wirkt eine Geschichte, wenn man auch die **innere Handlung,** das heißt die Gefühle einer Person beschreibt.

3 *Erzähle nun spannend und anschaulich die ganze Geschichte (▷ S. 5–9). Denke dir vor allem Einzelheiten aus, auf die die Bilder keinen Hinweis geben (z. B. Namen). Verwende abschließend zur Überprüfung die Checkliste von S. 9.*

E Checkliste zum Überarbeiten

1 *Du konntest alle Punkte der Checkliste mit „Ja" beantworten? Maja ist sich leider nicht so sicher, ob sie alle Punkte erfüllt hat. Gib ihr Tipps, was sie verbessern könnte. Schreibe in dein Heft.*

VORSICHT FEHLER!

Die beiden gespenster

(Einleitung) Es waren einmal zwei gespenster, die sich sehr langweilten. Sie hießen Carl und Edward und sie hatten eines Abends Lust, einen kleinen Jungen zu erschrecken. Also holten sie sich Rasseln, damit ihr Auftritt möglichst unheimlich wirkte.
(Hauptteil) Punkt 12 Uhr schwebten sie zu dem Zimmer des Jungen. Der Junge hat tief und fest geschlafen. Plötzlich und mit lautem Getöse fingen Carl und Edward an, mit den Rasseln zu klimpern. Der Junge ist aufgewacht, sah mit weit aufgerissenen Augen die beiden gespenster an und erschrak fürchterlich. „Was wollt ihr von mir?", sagte der Junge ängstlich. „Wir wollen dich entführen und in die tiefen Tiefen des alten Gewölbes bringen", sagten die beiden. Tim, so hieß der Junge, fasste sich jedoch ziemlich schnell wieder. Kurz vorm Einschlafen hatte er nämlich in einem Buch rumgestöbert, das er in der alten Schlossbibliothek gefunden hatte: „Handbuch zum richtigen Umgang mit gespenstern". Schnell blätterte er es durch. Auf Seite 396 wurde er fündig, dort stand: „Wollen dich unheimliche gespenster entführen, so tun sie das meist aus Langeweile. Fordere sie zu einer Partie Mau Mau auf. Sie werden nicht widerstehen können."
(Schluss) Gesagt, getan. Schnell freundete sich Tim mit Carl und Edward an und die drei hatten eine Menge Spaß, nicht nur beim Kartenspielen. Langweilig war ihnen bestimmt nicht mehr.

Majas Sprechblasen:

Hund zugelaufen – Ein Tier beschreiben

Aufgabenstellung

Dir ist ein Hund zugelaufen. Verfasse einen Brief ans Tierheim. In diesem Brief sollst du das Tier ganz genau beschreiben. Nutze dazu die Fotos und die Informationen aus dem Lexikonauszug.

Dackel: (urspr. Dachshund, Teckel), Rasse aus der Familie der Hunde, wurde gezüchtet zum Aufstöbern von Dachsen und Füchsen, bis 27 cm Schulterhöhe, kurzbeinig mit langgestrecktem Kopf, Schlappohren, langer Rücken und meist langer Schwanz. Je nach Haarbeschaffenheit unterscheidet man: **Kurzhaardackel** (Haare kurz, anliegend), **Langhaardackel** (Haare lang, weich, glänzend) und **Rauhaardackel** (Haare rau, etwas abstehend, v. a. an Schnauze und Augenbrauen verlängert).

A Was soll ich genau machen?

1 *Kreuze die zutreffenden Antworten an:*

- [x] Ich soll einen Brief ans Tierheim verfassen.
- [ ] Ich soll mit dem Tierschutzverein Kontakt aufnehmen.
- [x] Ein Teil des Briefes soll eine genaue Beschreibung des Tieres sein.
- [ ] Die Beschreibung des Tieres kann ganz kurz sein.
- [ ] Die Beschreibung des Tieres muss sachlich sein.
- [x] Die Beschreibung des Tieres muss so ausführlich sein, dass man sich den Hund vorstellen kann.

B Informationen sammeln und sortieren

1 *Unterstreiche in dem Auszug aus einem Jugendlexikon alle Informationen, die zu den Fotos passen.*

2 *Markiere in den Bildern Besonderheiten des Aussehens und andere Auffälligkeiten.*

3 *Ordne die Informationen in folgendes Schema ein:*

Verhalten

spielt gern mit dem Ball

Aussehen

braune Augen

andere Auffälligkeiten

am linken Hinterlauf:

Rasse

Dackel, genauer:

C Einen Schreibplan erstellen

1 *Wähle aus den Informationen, die du in der letzten Aufgabe [B 3] gesammelt hast, zehn aus, die das Tier in besonderer Weise beschreiben können.*

2 *Ordne deine Informationen nach Wichtigkeit und trage sie in die Tabelle ein.*

TIPP
- Jeder Bereich (Aussehen, Verhalten usw.) sollte mindestens einmal vorkommen.
- Denk daran: Das Wichtigste kommt zuerst!

1 Rauhaardackel	8
2	9
3	10
4	
5	
6	
7	

D Übungen zur Beschreibung und zum Brief

1 *Lies die beiden Sätze links und rechts und unterstreiche die Abweichungen.*

2 *Entscheide, welche Formulierung für eine Beschreibung gelungener ist, und kreuze diese an.*

Möglichkeit A	Möglichkeit B
[ ] Am Samstagmorgen ist mir ein Dackel zugelaufen.	[x] Am Samstagmorgen ist mir ein Rauhaardackel zugelaufen.
[x] Er hört auf den Namen Sita und hat ein gelbes Halsband, auf welchem dieser Name steht.	[ ] Er heißt Sita, ein schöner Name, der – soweit ich weiß – aus dem Indischen kommt.
[ ] Sita ist für einen Dackel relativ groß.	[x] Sitas Schulterhöhe beträgt etwa 25 cm.
[ ] Sita hat im Gesicht ein paar Haare.	[x] Sitas Haare an den Augenbrauen sind auffällig lang.
[x] Das Fell ist dunkelgrau und die Augen sind dunkelbraun.	[ ] Das Fell ist dunkel, auch die Augen sind dunkel.
[ ] Sita spielt gern.	[x] Sita spielt sehr gern auf der Wiese mit dem Ball.

3 *Setze nun den folgenden Brief fort, indem du eine genaue Beschreibung des Tieres verfasst. Dabei solltest du auf die Informationen aus deiner Tabelle (C 2) und auf die Formulierungen aus der Übung (D 2) zurückgreifen.*

Das Fell vogm Rauhaardackel ist dunkelgrau und die Augen sind dunkelbraun. Er hört auf den Namen Sita und Sita hat ein gelbes Halsband um wo der Name Sita drauf steht

TIPP
Hier kommen dein Name und deine Anschrift mit Telefonnummer und E-Mail-Adresse hin.

Emmy Crone

An das

Tierheim der Stadt

Grünthalstraße 23

12345 stadt

TIPP
Hier steht das aktuelle Datum

2.10.2020

Rauhaardackel zugelaufen

Sehr geehrte Damen und Herren,

am Samstagmorgen ist mir ein Dackel zugelaufen, der sicherlich wieder zu seinem Besitzer zurück möchte.

Deshalb gebe ich Ihnen jetzt eine genaue Beschreibung des Tieres:

Das Tier ist ein Rauhaardakel der dunkel graue

____

____

____

____

____

____

Falls der Besitzer sich meldet, können Sie ihm unsere Telefonnummer oder E-Mail-Adresse geben.

Mit freundlichen Grüßen

Emmy Crane

TIPP
An der Stelle unterschreibst du deinen Brief.

E Checkliste zum Überarbeiten

1 *Überprüfe deine Beschreibung mit Hilfe des folgenden Bewertungsbogens. Kreuze zutreffende Aussagen an und markiere die entsprechenden Stellen in deinem Text.*

☑ Checkliste

Sprache	Erfüllt	Nicht erfüllt	Woran kann ich das erkennen?
Ich habe Adjektive gewählt, die das Tier genau beschreiben.	☐	☐	☐ Kreise alle Adjektive in deinem Text ein. ☐ Überlege, ob diese Adjektive sachlich zutreffen. ☐ Eignen sich die Adjektive zur Beschreibung des Tiers?
Ich habe sachlich und präzise geschrieben.	☐	☐	☐ Unterstreiche in deinem Text Wörter wie: *auch, natürlich, ja, ich.* ☐ Wende die Weglassprobe an: Kann das Wort gestrichen werden? ☐ Entscheide in jedem Einzelfall, ob das Wort durch ein anderes ersetzt werden kann.
Wiederholen sich in meinem Text die Hilfsverben *haben* und *sein?*	☐	☐	☐ Unterstreiche in deinem Text die Verbform *hat.* ☐ Überlege in jedem Einzelfall, ob es ein anderes Verb dafür gibt, z. B.: „Sita *hat* ein Halsband ...“ → „Sita *trägt* ein Halsband ...“

2 *Überarbeite deine Beschreibung mit Hilfe dieses Bogens und deiner Markierungen im Text. Überprüfe auch die Schreibung und berichtige alle Rechtschreibfehler.*

Sich in ein Tier verwandeln – Vorgangsbeschreibung

Aufgabenstellung

Deine Klasse hat im Deutschunterricht das Theaterstück von Helen Gori „Ein Mensch vor dem Gericht der Tiere" besprochen, in dem Tiere auftreten. Du selbst wirst als Frosch mitspielen. Fertige eine genaue Schminkanleitung deiner Froschmaske an. Nutze dazu die folgenden Fotos.

A Was wird von mir verlangt?

1 *Prüfe, ob du verstanden hast, was du machen sollst. Kreuze die richtigen Antworten an:*

Ich soll

- ☐ einen Aufsatz über das Leben eines Frosches schreiben.
- ☐ den Ablauf des Schminkens genau beschreiben.
- ☐ als Tempus das Präsens wählen.
- ☐ meine Meinung über das Maskenbild äußern.
- ☐ eine sachliche Sprache verwenden.
- ☐ Preisangaben zu den Materialien machen.
- ☐ nur die wichtigsten Tätigkeiten beschreiben.
- ☐ auf eine logische Reihenfolge achten.

B Material ordnen

1 *Bring die Fotos in die richtige Reihenfolge. Nummeriere sie entsprechend.*

C Einen Schreibplan erstellen

1 *Überlege nun, wie du bei der Vorgangsbeschreibung vorgehen willst. Bringe dazu die folgenden Arbeitsschritte in die richtige Reihenfolge, indem du die Kästchen mit Nummern versiehst.*

☐ Stichworte zu einer zusammenhängenden Beschreibung ausformulieren.

☐ Stichworte zu jedem Bild notieren.

☐ Bilder in die richtige Reihenfolge bringen.

☐ Die Fachausdrücke aus den Wortspeichern verwenden.

☐ Den Text überarbeiten.

☐ Die Vorgangsbeschreibung in Einleitung, Hauptteil, Schluss gliedern.

2 *Bereite nun deine Vorgangsbeschreibung vor, indem du*
a) die Fotos der Reihenfolge nach noch einmal genau betrachtest.
b) zu den einzelnen Abbildungen wichtige Stichworte aufschreibst. Verwende dazu Wörter aus dem Wortspeicher.

Schminkmaterialien:
Schwämmchen
feiner Pinsel
mittlerer Pinsel
breiter Flachpinsel
Schminkfarben

Tätigkeiten:
Gesicht ausmalen
um jedes Auge einen Kreis malen
Augenkreise ausmalen
rote Linie von beiden Mundwinkeln aus ziehen
Unterlippe anmalen
einige Farbtupfer im Gesicht verteilen
um den Mund gelbe Farbe verteilen
Nasenspitze orange anmalen
rote Augenstriche anlegen
Pinsel reinigen

D Schreibübungen

Bevor du nun die Stichworte zu einer knappen Schminkanleitung ausformulierst, bearbeite als Vorübung die folgenden Aufgaben.

1 *Achte auf die deutliche Gliederung deiner Vorgangsbeschreibung in Einleitung, Hauptteil und Schluss. Kennzeichne bei der Niederschrift deines Aufsatzes die drei Abschnitte durch Absätze im Heft. Schreibe nun eine Einleitung.*

Einleitung

Um mich als Frosch zu schminken, benötige ich

TIPP

Gib z. B. einen Hinweis auf die wichtigsten benötigten Schminkmaterialien und darauf, als was du dich schminken möchtest.

Hauptteil

2 *Lege eine Liste für mögliche Satzanfänge an:*

zuerst,

anschließend,

schließlich,

Schluss

3 *Überlege dir nun einen Schluss.*

Eine solche Froschmaske

4 *Vermeide Eintönigkeit in der Formulierung, wechsle im Ausdruck:*

Die Schminke wird mit einem Schwämmchen aufgetragen.

Man trägt die Schminke mit einem Schwämmchen auf.

Die Schminke lässt sich mit einem Schwämmchen auftragen.

Trage zuerst die Schminke mit einem Schwämmchen auf.

Wandle nach diesem Muster folgende Sätze um:

a) Um jedes Auge wird ein Kreis gemalt.
b) Einige Farbtupfer werden im Gesicht verteilt.

a) ______________________________

____

____

____

b) ______________________________

____

____

____

5 *Schreibe nun deine Schminkanleitung ins Heft.*

E Checkliste für die Überarbeitung

1 *Überarbeite deine im Heft ausformulierte Vorgangsbeschreibung. Gehe dazu die folgenden Fragen durch.*

☑ Checkliste

- [ ] Gibt es in deiner Vorgangsbeschreibung Einleitung, Hauptteil und Schluss?
- [ ] Hast du Einleitung, Hauptteil und Schluss in deiner Vorgangsbeschreibung mit Absätzen gekennzeichnet?
- [ ] Hast du sachlich und genau
  - die Gestaltung der Mundpartie (breites Froschmaul)
  - die verwendeten Farben
  - das Ausmalen der Augenpartie

  beschrieben?
- [ ] Hast du Wiederholungen im Ausdruck vermieden
  - bei Satzanfängen
  - bei der Passivform mit *werden* (z. B. „wird aufgetragen“)?
- [ ] Prüfe noch einmal anhand des Fotos, ob deine Vorgangsbeschreibung die vollständige Anleitung zu dem gewünschten Maskenbild darstellt.

Wildschweinrettungsaktion – Sachlich berichten

Stell dir vor, du bekommst in der nächsten Klassenarbeit folgendes Aufgabenblatt.

Du joggst morgens früh (gegen 7:15 Uhr) unweit des Siebengebirges am Rheinufer und beobachtest folgendes Ereignis:

Aufgabenstellung:

Die Zeitungsreporterin Lilo Langsam trifft erst ein, als das Schwein mit dem Tierrettungswagen der Bonner Berufsfeuerwehr abtransportiert wird. Sie bittet dich, ihr einen Augenzeugenbericht zuzufaxen.
Verfasse diesen Augenzeugenbericht.

Hinweis zur Bearbeitung:

Schau dir die Abbildungen genau an und überlege dir auch, was jeweils in der Zwischenzeit passiert sein könnte:

- Wähle dafür aus dem Materialspeicher geeignete Zusatzinformationen aus.
- Streiche ungeeignete Informationen durch.
- Erfinde zusätzlich genaue Zeitangaben.

kann meinen Augen nicht trauen: ein schwimmendes Schwein
mit Booten einkreisen und in Richtung Ufer leiten
Mitleid mit dem Schwein
Feuerwehr: mit Mehrzweckbooten auf dem Fluss
Angst, dass das Schwein verletzt wird
im knietiefen Wasser steigt ein Feuerwehrmann aus dem Boot
er wirft das Wildschwein auf den Rücken
Feuerwehrmann kniet sich vorsichtig auf das Schwein
springt das Wildschwein zurück in den Rhein?

VIEL ERFOLG!

A Die Aufgabenstellung verstehen

1 *Mache dir klar, was die Aufgabenstellung und die Textsorte „Augenzeugenbericht" von dir verlangen.*
a) Markiere in der Aufgabenstellung und im Hinweis die Schlüsselwörter mit einem Farbstift.
b) Kreuze die beiden richtigen Antworten an.

☐ Ich soll detailliert erzählen, was passiert ist.
☐ Meine Meinung ist wichtig.
☐ Ich soll kurz und knapp Auskunft über den Ablauf des Ereignisses geben.
☐ Das Ereignis soll ich so anschaulich wie möglich wiedergeben.
☐ In den Bericht gehören genaue Angaben.

2 *Notiere, was du noch alles zur Schreibaufgabe „sachlich berichten" weißt.*
Vergleiche anschließend mit der Musterlösung. Ergänze gegebenenfalls deine Notizen.

B Ideenfindung

1 *Schau dir die Abbildungen noch einmal genau an und lies den Materialspeicher ein weiteres Mal sorgfältig durch.*
a) Formuliere nun passende W-Fragen.
b) Schreibe die Antwort daneben.

Wo fand die Rettungsaktion statt?

TIPP
Wo fand das Ereignis statt?
Wann geschah es?
Was passierte genau?
Wer war daran beteiligt?
Wie waren die Abläufe?

C Einen Schreibplan entwerfen

1 *Plane nun, wie du beim Schreiben deines Berichts vorgehen willst. Es reichen Notizen.*

2 *Falle nicht mit der Tür ins Haus, sondern formuliere* **einen einleitenden Satz,** *der schon die wichtigsten Informationen enthält.*

____

____

3 *Der* **Hauptteil** *enthält die Einzelheiten deiner Beobachtungen. Dabei musst du auf die zeitliche Abfolge achten. Schreibe zu jeder Zeitangabe wie z. B. „zuerst", „anschließend", „nach zehn Minuten" … je ein Stichwort.*

____

____

____

____

____

____

____

4 *Der* **Schlusssatz** *signalisiert, dass du deinen Bericht beendest, z. B. wann die Aktion abgeschlossen war. Formuliere einen Schlusssatz.*

____

____

____

D Übungen

1 *Welche Sätze passen in einen sachlichen Bericht, welche nicht? Trage ein* **r** *(für richtig) oder ein* **f** *(für falsch) in die Kästchen ein.*

☐ Das Wildschwein erinnerte mich an mein Kuscheltier.

☐ Ich wusste gar nicht, dass Schweine so gut schwimmen können.

☐ Die Wildsau setzte sich heftig gegen die Feuerwehrleute zur Wehr.

☐ Nachdem das Tier in die Box gesperrt worden war, wurde es mit dem Tierrettungswagen abtransportiert.

☐ Ich glaube, man brachte es in den Wald zurück.

2 *Welche Tempusformen sind richtig, welche falsch?*

☐ Alle Beteiligten entscheiden, das Schwein wieder im Wald auszusetzen.

☐ Der Revierbeauftragte bestätigte, dass das Schwein unverletzt blieb.

☐ Ein Polizeibeamter sagt: „Schweine können gut schwimmen."

☐ Im Godesberger Stadtwald wurde das Tier wieder ausgesetzt.

TIPP
Sachliche Berichte stehen in der Zeitform des **Präteritums.**

3 *Schreibe auf der Grundlage deiner Vorarbeiten einen zusammenhängenden Bericht. Du kannst den Vorschlag für einen Anfang aufgreifen oder einen eigenen Anfang wählen. Schreibe in dein Heft.*
Am Montag, den ..., joggte ich gegen 7:15 Uhr am Rhein entlang und ...

TIPP
Dein Text ist ein erster Entwurf. Lass **Platz für Korrekturen,** indem du jeweils eine Zeile freilässt.

E Textüberarbeitung

1 *Korrigiere den Berichtsentwurf von Tim. Ihm sind einige Fehler unterlaufen.*

VORSICHT FEHLER!

Ich war gerade joggen, als ich auf einmal sehe, wie am gegenüberliegenden Ufer irgendetwas Dunkles ins Wasser springt und losschwimmt. Ich blieb stehen. Zuerst dachte ich, es sei ein Schäferhund. Etwa zehn Minuten später kam die Feuerwehr mit Mehrzweckbooten rheinabwärts. Ich fand es toll, wie die Feuerwehrleute das Schwein einkreisten und es ans Ufer leiteten. Die Wildsau setzte sich heftig zur Wehr, als sie ans Ufer gebracht wurde. Dort stand der Tiertransporter schon bereit. Das Tier wurde in eine Box bugsiert und abtransportiert.

Prüfe anhand dieser **Checkliste** *den Fehlertext.*

☑ Checkliste

ja	nein	Kriterien
☐	☐	Gibt es einen Einleitungssatz mit den notwendigen Angaben?
☐	☐	Enthält der Text nur die wichtigsten Informationen?
☐	☐	Sind alle inhaltlichen Informationen richtig?
☐	☐	Werden die Handlungsschritte geordnet präsentiert?
☐	☐	Ist der Sprachstil sachlich?
☐	☐	Wurde eine Meinungsäußerung vermieden?
☐	☐	Wurde immer das richtige Tempus verwendet?

2 *Überarbeite dann deinen eigenen Text. Verwende ebenfalls die Checkliste. Vielleicht hat dir Tims Aufsatz noch gute Anregungen gegeben. Die darfst du ruhig aufgreifen.*

3 *Schreibe deinen verbesserten Bericht noch einmal sauber in dein Heft.*

So stelle ich mir meine Schule vor – In einem Brief seine Meinung begründen

Hier kannst du üben, wie du deine Meinung zu einer Situation oder einem Problem schriftlich äußerst und diese überzeugend begründest. Stell dir vor, du bekommst in der nächsten Klassenarbeit folgende Aufgabenstellung:

Aufgabenstellung

Deine Meinung ist gefragt!
Du besuchst seit ein paar Wochen in der neuen Schule die 5. Klasse. Deine Klassenlehrerin oder dein Klassenlehrer bittet euch darum aufzuschreiben, was euch an der neuen Schule gut gefällt und welche Verbesserungsvorschläge ihr noch habt.
Schreibe deinem Klassenlehrer/deiner Klassenlehrerin einen Brief. Formuliere mindestens drei positive Eindrücke von deiner Schule und drei Verbesserungsvorschläge oder Wünsche.
Denke daran, dass du deine Meinung auch begründest und mit Beispielen veranschaulichst.

A Die Aufgabenstellung verstehen

1 *Mache dir klar, was die Aufgabenstellung „Deine Meinung ist gefragt!" und die Textsorte „Brief" von dir verlangen.*
a) Markiere in der Aufgabenstellung die Schlüsselwörter für deinen Auftrag farbig.
b) Kreuze die vier richtigen Antworten an.

- ☐ Ich muss die Briefform beachten.
- ☐ Ich soll kurz und knapp Auskunft über den Ablauf des bisherigen Schuljahres geben.
- ☐ In den Brief gehören Begründungen für meine Meinung.
- ☐ Ich notiere Stichworte in der Umgangssprache.
- ☐ Meine Meinung ist wichtig.
- ☐ Ich soll drei verschiedene Tagesberichte schreiben: Was sind gute Schultage, was sind schlechte Schultage?
- ☐ Ich soll aufschreiben, was mir an der neuen Schule gut gefällt und was mir nicht so gut gefällt bzw. was ich mir wünsche.

2 *Was fällt dir noch alles zu dieser Schreibaufgabe ein? Notiere.*
Vergleiche anschließend mit der Musterlösung. Ergänze gegebenenfalls deine Notizen.

B Ideenfindung

1 *Was gefällt dir an deiner neuen Schule gut und was gefällt dir nicht oder was möchtest du gerne verbessern? Du kannst dabei an den Unterricht denken, aber auch an die Pausengestaltung. Trage in die Tabellen in Stichworten ein, was dir in den Sinn kommt. Auswählen kannst du später noch. Deine Begründungen solltest du ebenfalls notieren. Konkrete Beispielsituationen dienen der Anschaulichkeit.*

+ Positives

Was gefällt mir?	Warum? Begründung + Beispiel
Schulkiosk belegte Brötchen	frische Brötchen, wenn kein Pausenbrot dabei; neulich ...

– Negatives und Verbesserungsvorschläge

Was gefällt mir nicht? / Was wünsche ich mir?	Warum? Begründung + Beispiel
Klasse sollte mehr auf Gesprächsregeln achten	zu laut, um gut zu arbeiten; letzte Woche ...

C Einen Schreibplan entwerfen

1 *Plane nun, wie du beim Schreiben vorgehen willst. Weißt du noch, wie man einen Brief schreibt? Ergänze die Checkliste mit Angaben zu den einzelnen Bausteinen. Wo stehen sie, was ist jeweils wichtig?*

Briefkopf: __________

Anrede: __________

Aufbau: __________

Grußformel/Unterschrift: __________

2 *Der erste Satz deines Briefes sollte in dein Anliegen einführen, auch wenn dies durch die Aufgabenstellung bereits klar ist. Danach solltest du einen Absatz machen. Formuliere einen* ***Einleitungssatz:***

Sehr geehrte Frau Kluge/Sehr geehrter Herr Weise,

3 *Der* ***Hauptteil des Briefes*** *enthält deine Meinung mit den Begründungen und Beispielen. Schau dir hierfür noch einmal deine beiden Tabellen an (B 1) und markiere dir die Eintragungen farbig, die du in deinem Brief verwenden möchtest.*

4 *Lege eine Reihenfolge fest. Nummeriere deine Eintragungen in den Tabellen auf S. 26.*

5 *Fasse am Schluss in ein bis zwei Sätzen deine Meinung zusammen.*
Z. B.: Insgesamt fühle ich mich auf der neuen Schule sehr wohl. Ich würde mich sehr freuen, wenn wir in der nächsten Klassenstunde meine Wünsche besprechen könnten.

TIPP
Denke an die Vorgaben in der Aufgabenstellung: Jeweils drei Punkte solltest du nennen.

TIPP
Formuliere in dem Brief erst das Positive, mache einen Absatz, schreibe einen Überleitungssatz und schlage dann deine Verbesserungen vor oder führe deine Wünsche an.

TIPP
Grußformel und Unterschrift nicht vergessen!

D Übungen

1 *Markiere in den folgenden Auszügen aus Schülerbriefen die Verbesserungsvorschläge und Wünsche mit Gelb, die Begründungen mit Blau und die Beispiele mit Grün.*

Ich fände es gut, wenn wir mehr Computer im Klassenzimmer hätten, z. B. einen Laptop-Schrank. Wir könnten dann häufiger am Computer arbeiten und müssten nicht immer extra in den Computerraum gehen. Letztens konnten wir unsere Geschichten gar nicht fertigstellen, weil der Computerraum besetzt war.

Am meisten wünsche ich mir, dass wir unseren nächsten Ausflug in den Zoo machen. Jeder aus der Klasse war zwar schon im Zoo, aber letzte Woche ist ein Elefantenbaby zur Welt gekommen und das möchte ich mir gerne mal anschauen. Außerdem könnten wir im Fach Biologie darüber sprechen. In der Grundschule haben wir über Affen gesprochen und uns dann im Zoo die Paviane angeschaut.

Mir würde es gefallen, wenn wir häufiger im Unterricht in Gruppen arbeiten dürften, weil dann viel mehr Schüler und Schülerinnen gleichzeitig arbeiten und nicht immer nur wenige an die Reihe kommen. Neulich haben wir vier Gruppen gebildet, die unterschiedliche Aufgaben hatten. In unserer Gruppe hat es richtig Spaß gemacht.

2 *Wähle passende Verknüpfungswörter aus und fülle die Lücken.*

obwohl | denn | weil | dennoch | dass (2x) | damit | aber | hingegen

Ich bin sehr froh darüber, ______________ unsere Klassengemeinschaft so gut ist. Ich gehe gerne zur Schule, ______________ wenn in der Klasse jemand ausgelacht oder sogar gehänselt wird, fühle ich mich nicht wohl. Unser Klassenraum gefällt mir sehr gut, ______________ er ist sehr hell und es stehen große Pflanzen in bunten Übertöpfen an den Fenstern. Besonders schön finde ich, ______________ wir eine gut ausgestattete Klassenbibliothek haben, ______________ ich eine richtige Leseratte bin und gerne Bücher ausleihe.

3 *Schreibe nun deinen Brief ins Heft.*
Dein Text ist ein erster Entwurf. Lass also Platz für Korrekturen, am besten beschreibst du nur jede zweite Zeile.

E Textüberarbeitung

1 *Felix aus der 5b hatte dieselbe Aufgabe wie du, allerdings sind ihm dabei einige Fehler unterlaufen. Lies seinen Brief.*
a) Streiche zunächst alle Fehler rot an, die Rechtschreibung und Briefform betreffen.
b) Lies nun den Brief ein weiteres Mal, betrachte dabei Aufbau und Inhalt genauer. Welche Fehler entdeckst du?

VORSICHT FEHLER!

Libe frau Lehrreich, 5. Mai 2006

Wir haben von ihnen den Auftrag bekommen, Negatives über die neue Schule zu schreiben. Am Meisten wünsche ich mier, dass es mehr Tischtennisplaten auf dem Schulhof gibt. Die Sechstklässler nerven halt immer und lassen uns nicht mitspielen. Negativ finde ich auch, dass sich die Klasse nicht an die Gesprächsregeln hällt, die wir vereinbart haben. Lukas z. B. ruft immer in die Klasse rein. Gerade gestern in der Mathestunde wolte ich die antwort geben und er hat sie einfach schon gesagt, obwohl er gar nicht an der Reihe war. Vile Mädchen tuscheln und kiechern ständig. Das lenckt mich häufig ab. Aber nun zu meinen positiven Eindrüken. Ich finde sonst alles gut hier in der Schule. Trotzdem freue ich mich auf die nächsten ferien.

Felix

2 *Gib eine Einschätzung mit Begründung.*

Ich finde den Brief von Felix ☐ gelungen ☐ nicht gelungen ☐ in manchen Teilen überarbeitungsbedürftig.

Begründung: ____

____

3 *Überarbeite deinen eigenen Brief. Prüfe auch die Rechtschreibung und die Briefform.*

4 *Schreibe deinen verbesserten Brief noch einmal sauber ins Heft.*

Potilla, die Feenkönigin – Fragen zum Romananfang beantworten

Aufgabenstellung

Untersuche die Stimmung im Roman „Potilla und der Mützendieb". Wie wird sie erzeugt?
Beantworte dazu die folgenden Fragen:

a) Was erfahren wir über die Hauptfiguren?
b) Wie wird der Ort der Handlung beschrieben?
c) Was geschieht?

Cornelia Funke

Potilla und der Mützendieb

Potilla, die Feenkönigin, lebte mit ihrem Volk in einem Wald. Groß und dunkel war er. Und ururalt. Die Bäume dort hatten Bärte aus Moos und zwischen ihren dicken Wurzeln wuchsen Pilze und Fingerhüte. Haselnusssträucher und wilde Äpfel wucherten ineinander. Es gab Riesenfarne und morsche Baumstämme. In sumpfigen Tümpeln lagen umgestürzte Baumriesen, in die junge Schösslinge ihre Wurzeln krallten.

Durch den Wald huschten Lebewesen auf zwei, vier und tausend Beinen. Fedrige und fellige, schuppige und glänzend-glitschige Tiere raschelten, schlichen und hüpften durch das endlose Grün. Und am Rande einer Lichtung, verborgen unter Haselnuss und Schwarzdorn, lag der Feenhügel. Wie ein pelziger Rücken wölbte er sich unter dem Gras. Nur ein dunkles Loch, kaum groß genug für ein Kaninchen, führte ins Innere. Dort aber verbarg sich eine andere Welt. Potillas Volk bewohnte diesen Hügel seit zahllosen Sommern und Wintern. Sie waren Waldfeen, feingliedrig, spitznasig und menschenscheu, schnell beleidigt und sehr nachtragend. Immer wenn es dämmerte, kamen sie aus ihrem Hügel, um zu tanzen und zu lachen und die Sterne zu begrüßen. Und erst mit dem neuen Tag verschwanden sie wieder in ihre Welt.

Kein Bewohner des alten Waldes hatte jemals das Innere des Feenhügels betreten. Denn Potilla, die Feenkönigin, verstand etwas von Zauberei und hatte die Geheimnisse ihrer Welt hinter einem Netz von kleinen Schutzzaubern verborgen. An einem warmen Spätsommerabend aber kam jemand in den Wald, der wusste, wie ihr Netz zu zerreißen war. Auch an diesem Abend tanzten die Feen auf ihrem Hügel. Sie sangen, kicherten und alberten herum, scheuchten Käfer und Schmetterlinge von den Blüten und hielten ihre weißen Gesichter in die letzten Sonnenstrahlen. Da schlich jemand durch das Dickicht heran. Er kam von weit, weit her und hatte gleich gespürt, dass er einen Feenwald gefunden hatte. „Aaaah!", raunte er. „Da sind sie ja! Dumme kleine Dinger. Tanzen wieder, singen Lieder. Baah!" Schon lange war er auf Feensuche. Denn er war alt. Die Zeit nagte an ihm mit ihren scharfen Zähnen. Sein Haar war schütter

und grau geworden, seine Haut fahl und runzelig. Beim Gehen zog er das Bein nach. Doch er kannte eine Medizin gegen das Alter. Er war angekommen, um in einem Feenhügel zu schlafen – an dem einzigen Ort auf Erden, wo die Zeit stillsteht und die Ewigkeit zu Hause ist. Dort unten würden seine vielen Jahre dahinschmelzen wie Raureif in der Sonne. Bloß die albernen kleinen Dinger musste er verjagen. So wie er es schon oft getan hatte, um sein Leben zu verlängern. Mit einem Rascheln, das nicht lauter war als das Flüstern des Windes, schob er die Schwarzdornzweige auseinander und starrte gierig auf den grünen Hügel. Die Feen sangen ein merkwürdiges Lied (...) Hämisch lachte der heimliche Besucher in seinem Versteck. „Dumme, dumme, dumme Dinger! Glauben unter ihren grünen Mützen, Bäume könnten sie beschützen. Ha!" Sein Blick wanderte suchend von einer hüpfenden Gestalt zur nächsten. „Aah, da ist sie!", murmelte er und nickte zufrieden. „Rotes Mützchen, wie immer. Ja, ja dumm sind sie. Alberne Dinger. Gut für mich, schlecht für sie."

Mitten auf dem Hügel, im Schatten der Bäume, tanzte eine Fee. Ihre Mütze war rot. Rot wie Klatschmohn. Es war Potilla, die Feenkönigin.

A Was wird von mir verlangt?

1 *Prüfe, ob du verstanden hast, was du genau machen sollst. Kreuze alle richtigen Antworten an. Ich soll:*

- ☐ ein Bild vom Handlungsort malen.
- ☐ den Text überfliegen.
- ☐ wichtige Textstellen unterstreichen.
- ☐ die Reihenfolge der Fragen beachten.
- ☐ mit Hilfe der Fragen den Text nacherzählen.
- ☐ die Fragen mit Hilfe des Textes beantworten.
- ☐ die Antworten mit eigenen Worten formulieren.
- ☐ meine Meinung über den Text schreiben.
- ☐ als Tempus das Präsens verwenden.
- ☐ das Tempus des Textes (Präteritum) verwenden.

B Ideenfindung, Material ordnen

1 *Kläre, ob du die wesentlichen Inhalte des Textes verstanden hast. Kreuze die richtigen Aussagen an.*

a) Die Geschichte spielt

- ☐ in einem dunklen Tannenwald.
- ☐ in einem Wald, in dem viele Pflanzen durcheinanderwachsen.
- ☐ in einem hellen Birkenwald.
- ☐ in einem Wald, in dem nie die Sonne scheint.

b) Es gibt

- ☐ zwei
- ☐ drei
- ☐ vier
- ☐ viele Hauptfiguren.

c) In dem Wald leben

- ☐ Zwerge.
- ☐ Feen.
- ☐ Riesen.
- ☐ Elfen.

d) Am Ende der Textstelle

- ☐ streiten sich die Hauptfiguren.
- ☐ hält die Feenkönigin Potilla eine Rede.
- ☐ tritt eine Figur auf, deren Namen wir nicht kennen.

2 *Um sich im Text zurechtzufinden, empfiehlt es sich, wichtige Textstellen zu unterstreichen oder farbig zu markieren. Überlege jetzt, wie du genau vorgehen kannst. Ordne die folgenden Teilschritte den Fragestellungen zu:*
a) Wie sind die Hauptfiguren gestaltet?
b) Wie wird der Ort der Handlung beschrieben?
c) Was geschieht?

Ich markiere Textstellen,	Diese Unterstreichung gehört zur Teilaufgabe ...
in denen eine Figur zum ersten Mal auftritt.	a) ________
in denen sich etwas Besonderes ereignet.	________
in denen etwas über die Figur ausgesagt wird.	________
in denen angedeutet wird, dass bald etwas geschehen könnte.	________
in denen die Stimmung im Wald beschrieben wird.	________

TIPP
Um die Übersicht zu wahren, empfiehlt es sich, mit unterschiedlichen Farben zu arbeiten.

C Einen Schreibplan erstellen

1 *Ordne nun die Informationen den Teilaufgaben a–c zu. Gehe von deinen Markierungen aus und notiere Stichworte.*

Fragen	Wichtige Stichworte	Zeilen im Text
... Hauptfiguren	Wie heißt die Feenkönigin? ______	______
	Wie sehen die Feen aus? ______	______
	Wie verhalten sie sich? ______	______
	Wer tritt noch auf? ______	______
	Wie ist er beschrieben? ______	______
... Ort der Handlung	Wo spielt die Handlung? ______	______
	Was ist das Besondere an dem Ort? ______	______
	______	______
	Wie ist die Stimmung/Atmosphäre? ______	______
	______	______
... Was geschieht?	Was machen die Feen? ______	______
	Was verändert die Situation? ______	______
	______	______
	Welche Absicht hat die Figur am Ende der Textstelle? ______	______
	______	______

D Schreibübungen

1 *Was erfahren wir über die Hauptfiguren? Ergänze die Lücken durch Begriffe aus dem Wortspeicher.*

In der Textstelle treten ______ Hauptfiguren auf, nämlich ______, die Feenkönigin, und eine Gestalt, deren ______ wir nicht kennen. ______ ist wie die anderen Waldfeen ______ und hat eine ______ Nase. ______ ist gut zu erkennen, denn sie trägt eine ______ Mütze. Zusammen mit den anderen Waldfeen ______ und ______ sie am Abend auf ihrem ______. Über ______ wissen wir außerdem, dass sie die

alt
faltigen
Feenhügel
grauen
hinkt
lacht
Namen
Potilla (4x)
rote
Schutzzauber
sehr zart
singt
spitze
starrt
tanzt
verlängern
zwei

Geheimnisse des Feenhügels durch ________________ verborgen hat. Die andere Hauptfigur ist sehr ________________, was man an den ________________ Haaren und der ________________ Haut sieht. Außerdem ________________ sie. Sie will die Feen von ihrem Hügel verjagen, um dort zu schlafen, weil dies ihr Leben ________________ würde. Die Figur scheint böse zu sein, denn sie ________________ „hämisch" und ________________ „gierig" auf den Feenhügel.

2 *Wie wird der **Ort der Handlung** beschrieben? Markiere im Text alle Ausdrücke, die die Atmosphäre im Wald veranschaulichen. Trage die wichtigsten Textstellen in die Tabelle ein, ergänze, wo es nötig ist, in deinem Heft. Schreibe dort auch eine Antwort auf die Frage.*

Text	Adjektive	Verben	Nomen (Pflanzen)	bildhafte Sprache
Potilla, die Feenkönigin, lebte mit ihrem Volk in einem Wald. Groß und dunkel war er. Und ururalt. Die Bäume dort hatten Bärte aus Moos und zwischen ihren dicken Wurzeln wuchsen Pilze und Fingerhüte. Haselnusssträucher und wilde Äpfel wucherten ineinander. Es gab Riesenfarne und morsche Baumstämme. In sumpfigen Tümpeln lagen umgestürzte Baumriesen, in die junge Schösslinge ihre Wurzeln krallten. Durch den Wald huschten Lebewesen auf zwei, vier und tausend Beinen. Fedrige und fellige, schuppige und glänzend-glitschige Tiere raschelten, schlichen und hüpften durch das endlose Grün. Und am Rande einer Lichtung, verborgen unter Haselnuss und Schwarzdorn, lag der Feenhügel. Wie ein pelziger Rücken wölbte er sich unter dem Gras.	groß, dunkel			
	ururalt			Bärte aus Moos
			Pilze und	
			Fingerhüte	
		rascheln		

3 *Was geschicht? Gib die Handlung des Romananfangs schriftlich in deinem Heft wieder, indem du die Bausteine aus den Wortspeichern (1–3) verbindest. Du kannst natürlich auch eigene Formulierungen verwenden.*

Zu Beginn des Textausschnittes … In der Mitte … … Gegen Ende des Textausschnittes …	wird dargestellt, wird beschrieben, erfährt man tritt … auf	wie die Feen leben. dass die Feen gegen Abend tanzen und singen. die Stimmung im Feenwald eine Gestalt, deren Namen wir nicht kennen

E Textüberarbeitung

1 *Unterstreiche in deinen Texten die Stellen, an denen du mehrere zusammenhängende Wörter (Wortgruppen) aus dem ursprünglichen Text wörtlich übernommen hast. Diese Übernahmen können manchmal sinnvoll sein, z.B: bei den Figurennamen (Potilla), bei Ausdrücken, die allgemein etwas benennen (Wald, Feenhügel, Bäume usw.), wenn ausdrücklich Beispiele aus dem Text genannt werden (z.B. „wie ein pelziger Rücken").*

2 *Prüfe in jedem Einzelfall, ob du besser eigene Worte verwendet hättest, und überarbeite deinen Text entsprechend.*

Ein exotischer Frechdachs – Sachtexte für Informationen nutzen

Aufgabenstellung

1. Lies den Text „Der Honigdachs – ein Leckermaul auf der Jagd" und arbeite heraus, was du alles über den Honigdachs erfährst.
2. Beschreibe, was die Grafiken (Bilder) darstellen, und erkläre, wie sie zu dem Text passen.
3. Nimm Stellung zu der Behauptung, der Honigdachs sei „das gemeinste Tier der Welt".

Der Honigdachs – Ein Leckermaul auf der Jagd

Vor einem Honigdachs nehmen selbst Giftschlangen Reißaus. Denn er gehört zu den zähesten Räubern Afrikas und Südwestasiens und hat vor allem eines: immer Hunger.

Auf den ersten Blick sieht der kleine Kerl, der im Dämmerlicht durch die südafrikanische Kalahari-Wüste streift, ganz friedlich aus – Stupsnase, schwarz-braunes Fell, Kopf und Rücken in Silbergrau. Und doch hat der Honigdachs einen schrecklichen Ruf: Angriffslustig, jähzornig und grausam sei er, „das gemeinste Tier der Welt", wie ihn der Schriftsteller Robert Ruark genannt hat.

Eine maßlose Übertreibung! Der Honigdachs ist zwar tatsächlich ständig auf der Jagd. Doch mit Gemeinheit hat das nichts zu tun. Honigdachse haben einfach immer Hunger! Während andere Raubtiere nach einer Mahlzeit erst einmal in Ruhe verdauen, geht es für den meist nachtaktiven Dachs sofort weiter. Ständig in Bewegung, muss er oft und viel fressen.

Sein Speiseplan umfasst eine bunte Mischung: Eidechsen, Ratten und Vögel gehören dazu, aber auch Tiere, die größer sind als er selbst, wie zum Beispiel Antilopen – und sogar Giftschlangen!

Zudem schleckt der Jäger gern Süßes, vor allem Honig! Um an diese Leckerei zu gelangen, verbündet sich der Marder mit einem kleinen, aufmerksamen Singvogel, dem Honiganzeiger. [...]

Alice Lanzke

A Was wird von mir verlangt?

1 *Erschließe dir die Aufgabenstellung, indem du die richtigen Aussagen ankreuzt:*

- ☐ Ich muss die Grafiken beschreiben.
- ☐ Ich muss dem Text Informationen entnehmen.
- ☐ Ich muss die Informationen, die ich über die Grafiken erhalte, unabhängig vom Text verstehen.
- ☐ Ich muss eine Inhaltsangabe des Textes schreiben.
- ☐ Ich muss zu einer im Text getroffenen Aussage Stellung nehmen.
- ☐ Ich muss die Informationen, die Text und Grafik liefern, zueinander in Beziehung setzen.

C Wie gehe ich am besten vor? – Einen Arbeitsplan entwerfen

1 *Erarbeite die richtige Schrittfolge deiner Vorgangsbeschreibung, indem du richtig zuweist.*

Schritt 1:

Schritt 2:

Schritt 3:

Schritt 4:

– Du siehst dir die Grafiken (Bilder) genau an und überlegst, wie sie zum Text passen.

– Du bildest dir eine eigene Meinung: Wie verstehst du den Text?

– Du liest den Text „aktiv", d. h.: mit dem Stift in der Hand. Dabei markierst du das Wichtigste (Schlüsselwörter, Kernstellen).

– Du vergewisserst dich, ob du alle wichtigen Informationen herausgearbeitet hast. Gliedere dazu den Text in Abschnitte.

D Übungen: Den Arbeitsplan Schritt für Schritt ausführen

1 *Lies den Text „aktiv": Markiere* ***Schlüsselwörter*** *im Text.*

2 ***Kernstellen*** *verdichten Informationen, die für die Beantwortung der Fragen wesentlich sind. Gibt es auf Teilaufgabe 1 bezogen („Was erfährst du über den Honigdachs?") so eine Kernstelle im Text? Gib die Zeilenzahl an.*

____

TIPP

Schlüsselwörter sind, auf die erste Teilaufgabe bezogen, Informationen zu
- ☐ dem Aussehen des Honigdachses: „kleiner Kerl", ...
- ☐ dessen Verhalten: „angriffslustig", ...
- ☐ seinem Vorkommen: „südafrikanische Kalahari-Wüste" ...
- ☐ seinen Besonderheiten: „schlechter Ruf", ...

3 *Gliedere den Text* ***in Abschnitte.*** *Wo tauchen neue Schlüsselwörter auf und leiten somit neue Gedanken und Inhalte ein?*
a) Kennzeichne solche Sinnabschnitte.
b) Formuliere zu den Sinnabschnitten kleine Überschriften. Manchmal genügen schon Stichworte. Schreibe sie mit Zeilenangabe auf.

____

____

4 *Vergewissere dich, ob du die wichtigsten Informationen erfasst hast. Kreuze die richtige Antwort an:*

a) Warum ist der Honigdachs ständig auf der Jagd?

☐ weil er sehr aggressiv ist

☐ weil er jähzornig und grausam ist

☐ weil er immer Hunger hat

b) Wovon ernährt sich der Honigdachs?

☐ nur von Eidechsen und Ratten

☐ nur von Tieren, die kleiner sind als er

☐ von Tieren und von Honig

c) Mit welchem Tier arbeitet der Honigdachs zusammen?

☐ mit Giftschlangen

☐ mit einem kleinen Vogel

☐ mit Antilopen

5 *Überlege, zu welcher Stelle im Text die **Grafiken** passen. Gib die Zeilen an und begründe.*

____

____

6 *Überlege, was die Grafiken darstellen und formuliere jeweils eine **Bildunterschrift.** Sie soll den Inhalt der Grafik möglichst genau wiedergeben.*

Bildunterschrift zu Grafik 1: ______________________________

Bildunterschrift zu Grafik 2: ______________________________

7 *Schreibe einen kurzen Text, der das, was durch die Grafiken bildlich dargestellt ist, in Worte umsetzt.*

____

____

____

____

____

____

____

____

____

TIPP

Geh von deinen Bildunterschriften aus Aufgabe 6 aus. Verbinde die Sätze durch **Konjunktionen** (z. B.: „wenn – dann“, „nachdem“) und durch **adverbiale Bestimmungen** (z. B.: „zuerst“, „danach“, „später“). Überlege dann, wie du die Sätze noch ergänzen kannst, damit deine Darstellung deutlich wird.

8 ***Bilde dir deine Meinung*** *zu dem schlechten Ruf des Honigdachses, der im Text zitiert wird.*
a) Was wird über den Honigdachs gesagt? Gib das Zitat wieder und benenne die Textstelle.

---

b) Erkläre, wie es zu diesem Ruf kommt.
Greife dabei zurück auf deine Markierungen, deine Stichworte und Überschriften (vgl. Aufgaben 1–3). Sie helfen dir, die Stellen zu finden, die für diese Aufgabe wichtig sind.

---

c) Hältst du diesen Ruf für berechtigt? Begründe deine Meinung.

E Checkliste zum Überprüfen

Zum Abschluss der Arbeit überprüfst du noch einmal genau, ob du alle Teilaufgaben erledigt hast. Du kannst das mit Hilfe der folgenden Checkliste tun: Kreuze an, was du bereits gemacht hast.

✓ Checkliste

Ich habe ...

- ☐ Schlüsselwörter und Kernstellen markiert.
- ☐ den Text in Sinnabschnitte gegliedert.
- ☐ Überschriften zu den Teilabschnitten geschrieben.
- ☐ mir bewusst gemacht, zu welcher Stelle im Text die Grafiken gehören.
- ☐ die Grafiken in einem kleinen Text erklärt.
- ☐ die Frage beantwortet, ob der Honigdachs seinen „schrecklichen Ruf" zu Recht hat und
- ☐ dabei meine Randnotizen herangezogen.

Falls du ein Kästchen noch nicht angekreuzt hast, musst du daran noch einmal arbeiten.

Till Eulenspiegel und das Kaninchen – Einen Text auf Rechtschreibung und Zeichensetzung hin überarbeiten

Aufgabenstellung

Überarbeite den Text, indem du alle Fehler markierst und diese bestimmst.
Schreibe anschließend den Text richtig in dein Heft.

Till Eulenspiegel und das Kaninchen

VORSICHT FEHLER!

Tills Meister hatte mehrere Haustiere, von denen ihm ein schönes Kaninchen am Liebsten war. Eines Tages mußte der Meister vereisen. „Ich muss für ein Paar Tage fort," sagte er zu Eulenspiegel. Denk in der zeit an das Kaninchen! Ich hänge sehr an im, wie du weist."
Eulenspiegel wunderte sich zwar weil er den Meister nie an dem Tier hatte hängen sehen. Aber er versprach, an das Kaninchen zu Denken, solange der Meister verreist war. Als dieser sieben Tage später zurückkam eilte er sogleich zu dem grossen Stal, in dem das Kaninchen lebte. Aber wie erschrak er, als er das Tier regloß auf dem boden liegen sah. Es ahtmete kaum noch. Und in dem Stall war überhaupt kein Futter. Nicht einmal der Rest von einer Morrübe und nicht einmal ein Zipfelchen von einem Kolblatt. Ofenbar hatte das Kaninchen schon lange nichts mer zu Fressen bekommen. Der Meister raufte sich die Hare.
Wutschnaubend rannte er zu Eulenspiegel! Der sollte seine nachlässigkeit büßen. Eulenspiegel lag Faul auf seinem Bett und starte an die Decke. „Was bist Du doch für ein nichtsnuziger Geselle"! schri ihn der Meister an! „Habe ich dir nicht ausdrücklich befolen, an mein Kaninchen zu denken. Und was hast du gemacht. Du hast es beinahe Verhungern lassen! Hast du ihm auch nur ein einziges Mal Futter gegeben."
Eulenspiegel sah seinen Meister überascht und verständnißlos an. „Davon war nie die rede, dass ich ihm Futter gebe," sagte er harmloß. „Ich sollte nur an es denken. Und das habe ich die ganze Zeit getan. Seht nur, ich habe Es mir sogar aufgeschriben damit ich es nicht vergesse! Und er zeigte zur Decke hoch. Dort entdekte der verduzte Meister einen Zetel, auf dem mit diken roten Buchstaben geschrieben stand: „An das Kaninchen denken!"

A Was wird von mir verlangt?

1 *Erschließe dir die Aufgabenstellung, indem du mit Hilfe des Wortspeichers die Lücken in dem folgenden Text füllst.*

erkannt aufmerksam lesen richtig abschreiben
markiere Rechtschreibfehler
Zeichensetzungsfehler Fehlerart zu bestimmen

Die Aufgabe setzt voraus, dass ich die Geschichte verstanden habe. Dazu muss ich zunächst den Text ____________ ______________________________. Anschließend ______________________________ ich alle ____________ ______________________________ und ______________________________, die ich ____________ ______________________________ habe. Ich schaue mir die Fehler genau an und versuche, die ____________ ______________________________. Zum Schluss muss ich den Text noch einmal ______________________________.

B Materialsammlung

1 *Der Aufgabenschwerpunkt „Fehlerarten bestimmen“ verlangt von dir, dass du die wichtigsten Rechtschreibregeln beherrschst. Vergegenwärtige dir die wichtigsten Regeln, indem du auf der Umschlagsinnenseite nachliest.*

C Einen Arbeitsplan erstellen

1 *Schreibe in die Kästchen, in welcher Reihenfolge du bei deiner Textüberarbeitung vorgehen willst.*

- ☐ Fehlerarten bestimmen
- ☐ Fehler verbessern
- ☐ den Text noch einmal abschreiben
- ☐ genau lesen
- ☐ Fehler erkennen
- ☐ Fehler markieren

D Textüberarbeitung

1 *Lies die Eulenspiegel-Geschichte zunächst auf ihren Inhalt hin. Erst wenn man den Inhalt richtig verstanden hat, werden auch die Fehler deutlich (z.B.: Satzzeichen, Bezug von Pronomen).*

2 *Lies den Text ein zweites Mal. Unterstreiche alle Rechtschreibfehler, die du entdeckst, mit einem Farbstift.*

3 *Lies den Text ein drittes Mal. Unterstreiche nun alle Zeichensetzungsfehler mit einer anderen Farbe.*

4 *Sicher hast du beim Anstreichen der Fehler schon bemerkt, um welche Bereiche der Rechtschreibung und Zeichensetzung es in diesem Text geht. Sieh dir nun die Fehler genauer an: Was wurde im Einzelnen falsch gemacht, gegen welche Regeln wurde verstoßen? Mit Hilfe der der Umschlagsinnenseite kannst du kontrollieren.*

5 *Gehe nun den Text noch einmal durch und überlege dir bei jedem Fehler, um welche Fehlerart es sich handelt. Trage sowohl die Fehlerart als auch die richtige Schreibweise in die Tabelle ein. Ergänze in deinem Heft.*

TIPP

- ☐ Lies das Wort, bei dem du einen Fehler vermutest, laut vor dich hin: Wird der **Vokal lang oder kurz** gesprochen, ist das **s im Wortinneren** stimmhaft oder stimmlos?
- ☐ Bilde **Wortfamilien**, wenn du unsicher bist, wie sich das Wort richtig schreibt, z.B.: „Reise“, „verreisen“, „reiste“.
- ☐ **Bestimme die Wortart,** wenn du bei der Groß- und Kleinschreibung unsicher bist: Ist das betreffende Wort ein Adjektiv, Verb, Nomen?

TIPP

Überlege dir, wo du beim Lesen **Pausen** gemacht hast. Wo ist ein Satz zu Ende, wo beginnt ein neuer, ist es eine Frage? Muss ich ein **Komma** setzen?

Fehler	Fehlerart	Richtig geschriebenes Wort
am Liebsten	Rechtschreibfehler; Großschreibung eines gesteigerten Adjektivs	am liebsten

Wie der Fehler erkannt werden kann Ich überlege mir, um welche Wortart es sich handelt, und prüfe dann, ob es Nomensignale gibt oder ein Artikel vor das Wort gesetzt werden kann.

Fehler	Fehlerart	Richtig geschriebenes Wort
______	______	______
______	______	______

Wie der Fehler erkannt werden kann ______

______

Fehler	Fehlerart	Richtig geschriebenes Wort
______	______	______
______	______	

Wie der Fehler erkannt werden kann ______

______

Fehler	Fehlerart	Richtig geschriebenes Wort
______	______	______

Wie der Fehler erkannt werden kann ______

______

E Checkliste zum Überprüfen

1 *Gehe zum Schluss noch einmal den ganzen Text Wort für Wort durch und überprüfe anhand der folgenden Checkliste, ob du nun alles richtig geschrieben hast.*

☑ Checkliste: Richtig schreiben

ja	nein	Worauf ich achten muss
☐	☐	Wird der Vokallaut kurz gesprochen?
☐	☐	Wird der Vokallaut lang gesprochen?
☐	☐	Ist der s-Laut im Wortinnern stimmhaft?
☐	☐	Ist der s-Laut im Wortinnern stimmlos?
☐	☐	Geht dem s-Laut ein langer Vokal voraus?
☐	☐	Geht dem s-Laut ein kurzer Vokal voraus?
☐	☐	Geht dem Wort ein Nomensignal voraus?
☐	☐	Kann ich einen Artikel vor das Wort setzen?
☐	☐	Gibt es eine typische Nomenendung?
☐	☐	Geht meine Stimme am Ende des Satzes nach oben?
☐	☐	Handelt es sich bei dem Satz um einen Ausruf oder einen Befehl?
☐	☐	Kann ich beim Sprechen eine kurze Pause machen?
☐	☐	Gibt es eine Konjunktion, die auf den Nebensatz hinweist?

2 *Schreibe dann den Text richtig in dein Heft.*

Projekttage „Die Zukunft gestalten" – Einen Text überarbeiten

Aufgabenstellung

Stell dir vor, deine Schule hat eine Projektwoche zum Thema „Die Zukunft gestalten" durchgeführt. Die Schülerzeitschrift „APO-EPI" veröffentlicht die Projektberichte der einzelnen Arbeitsgruppen. Als Mitglied des Redaktionsteams sollst du die Beiträge verbessern:
Überarbeite den folgenden Text „Eine Stadt aus Holz", indem du die verschiedenen Proben anwendest.

(1) Ich arbeitete in der Projektgruppe „Eine Stadt aus Holz." (2) Sehr früh trafen wir uns am Donnerstag.

(3) Wir präsentierten unsere Ideen. (4) Dann ging es los. (5) Um 9.30 wurde das Baumaterial geliefert.

(6) Wir bauten wegen der knappen Zeit nur zwei große Holzhäuser. (7) Wir strichen die Häuser in Rot und Blau und statteten sie schön aus. (8) Wir stellten unsere Projekte vor. (9) Alle waren begeistert.

A Was soll ich genau machen?

1 *Erschließe dir die Aufgabenstellung, indem du den maßgeblichen Arbeitsauftrag unterstreichst.*

2 *Vergleiche deine Antwort mit der auf dem Lösungsblatt.*

B Ideenfindung: Wie kann ich den Text verbessern?

1 *Notiere dir zu den Fragen Stichworte unterhalb der Sätze.*
a) An welchen Stellen wirkt der Text eintönig? Unterstreiche diese.
b) An welchen Stellen ist der Text ungenau? Formuliere dazu Fragen: z.B.: Wohin wurde das Baumaterial geliefert?

C Einen Arbeitsplan erstellen

Es gibt zahlreiche Mittel, einen Text so umzuarbeiten, dass er genauer und abwechslungsreicher wird. Dazu dienen z. B. **die Proben.**

1 *Was erreiche ich mit den verschiedenen Proben? Ordne durch Verbindungslinien zu:*

Satzglieder durch andere Wörter ersetzen	Erweiterungsprobe
Die wichtigste Information betonen, indem sie an den Anfang oder das Ende des Satzes gerückt wird	Weglassprobe
Satzglieder hinzufügen, um genauere Aussagen zu erzielen	Umstellprobe
Überflüssige Informationen streichen	Ersatzprobe

D Übungen: Mit Hilfe von Proben den Text umschreiben

Die Umstellprobe

1 *Führe für Satz (2) die Umstellprobe durch.*

TIPP
Für Satz (2) führe die Umstellprobe durch. Die Umstellprobe führe für Satz (2) durch.

Die Ersatzprobe

2 *Führe in den Sätzen (3), (6) und (7) die Ersatzprobe durch. Vermeide dabei die eintönige Wiederholung des Subjekts.*

Satz (3):

Satz (6):

Satz (7):

TIPP
Für „wir“ könnte stehen: „unser Team“, „unsere Gruppe“, „Svenja, Tom und ich“ ...

Die Erweiterungsprobe

3 *Fülle die Tabelle aus. Suche Beispiele aus dem Text auf S. 40.*

Frage	Art der adverbialen Bestimmung	Beispiel aus dem Text
Wann? Seit wann? Wie lange?		am Donnerstag;
Wo? Wohin?		
Wie? Womit?		
Warum?	adverbiale Best. des Grundes	

TIPP

Adverbiale Bestimmungen machen nähere Angaben über die Umstände einer Handlung, eines Vorgehens oder Geschehens.

4 *Füge nun die adverbialen Bestimmungen durch Einfügeschleifen in den Text auf S. 40 ein.*

beim Schulfest | zuerst | wegen des großen Zuspruchs | sodann | in Raum A 107

auf dem Pausenhof | mit selbst gebastelten Möbeln | mit großem Eifer | am Freitagnachmittag

Gehe dabei so vor:

in Raum A 107

Sehr früh trafen wir uns am Donnerstag.

5 *Schreibe nun den Text in überarbeiteter Form in dein Heft. Lasse jeweils eine Linie frei.*
a) Füge in den Text noch mindestens drei weitere unterschiedliche adverbiale Bestimmungen ein.
*b) Kennzeichne **alle** adverbialen Bestimmungen durch Unterstreichen im Text.*
Gehe dabei so vor:

Ich arbeitete beim Schulfest in der Projektgruppe „Eine Stadt aus Holz".

AB d. Zeit AB d. Ortes

E Checkliste zum Überarbeiten

1 *Du hast den Text bearbeitet und durch Verwendung der Proben genauer und abwechslungsreicher gestaltet. Prüfe noch einmal anhand der Checkliste, ob du alle Aufgaben erfüllt hast.*

☑ Checkliste

ja	nein	Hinweis
☐	☐	1. Habe ich alle Angaben aus dem Wortspeicher in den Text eingesetzt? *TIPP:* Wörter im Wortspeicher abstreichen!
☐	☐	2. Habe ich mindestens drei verschiedene adverbiale Bestimmungen eingefügt und auch im Text durch Unterstreichen markiert? *TIPP:* Mit Farbstift markieren!
☐	☐	3. Habe ich in meinem neuen Text die durch Umstellprobe und Ersatzprobe ausprobierten Änderungen übernommen?
☐	☐	4. Habe ich beim Abschreiben des Textes auf die Großschreibung der Nomen geachtet? *TIPP:* Nomensignale wahrnehmen!
☐	☐	5. Habe ich an die Überschrift des Artikels gedacht?

2 *Die Chefredakteurin der APO-EPI ist mit deiner Textüberarbeitung sehr zufrieden. Dennoch findest du auf deinem Schreibtisch einen Zettel vor, auf dem weitere Vorschläge für eine Textverbesserung gemacht werden.*

Eine Stadt aus Holz – Spaß beim Sägen und Anmalen

Ich arbeitete beim Schulfest in der Projektgruppe „Eine Stadt aus Holz". Sehr früh trafen wir uns wegen des großen Zuspruchs am Donnerstag. Sodann präsentierte unser Team in Raum A 107 unsere Ideen. Dann ging es los.

Um 9.30 wurde auf dem Pausenhof gleich das Baumaterial geliefert. Unsere Gruppe baute wegen der knappen Zeit nur zwei große Holzhäuser auf dem Schulhof. Svenja, Tom, ich und andere strichen an einem Nachmittag die Häuser in Rot und Blau und statteten sie mit selbst gebastelten Möbeln schön aus …

Anmerkungen der Redaktion

____

Als es noch sehr früh war, ...

____

____

weil wir nur wenig Zeit hatten

indem wir sie rot und blau anmalten

____

Du siehst, zum Teil sind schon Verbesserungsvorschläge gemacht, zum Teil sind nur alte Formulierungen unterstrichen, die du eventuell austauschen sollst. Fülle dazu die folgende Tabelle aus:

Ursprüngliche Formulierung	Vorschlag der Chefredakteurin	Übernahme erwünscht? ja	nein
______	weil wir nur wenig Zeit hatten	☐	☐
wegen des großen Zuspruchs	______	☐	☐
______	indem wir sie rot und blau anmalten	☐	☐
______	als es noch sehr früh war	☐	☐
mit selbst gebastelten Möbeln	______	☐	☐

„Wer wird Millionär?“ – Einen Sachtext umschreiben

Aufgabenstellung

Deine Aufgabe könnte so lauten:

Schreibe die folgende Zeitungsmeldung in ein modernes Märchen um. Behalte dabei den Handlungskern und eine der zentralen Figuren bei.

Klaus B. aus N. hat gestern in der Sendung „Wer wird Millionär?“ den Höchstgewinn erzielt. B., der bei der hiesigen Feuerwehr beschäftigt ist und dessen Haus vom letzten Hochwasser stark beschädigt wurde, musste in der Sendung einige bange Minuten überstehen und alle Joker einsetzen. Eine große Hilfe für Klaus B. war der Telefonjoker. Der Kandidat rief seinen Sohn Dennis B. an, der ein Experte für Krötenbestände in Mitteleuropa ist und seinem Vater einen entscheidenden Tipp geben konnte. Sowohl der Moderator als auch das Publikum hatten Klaus B. bei mehreren Fragen zuvor stark verwirrt. Nach der Sendung erklärte Klaus B., er werde nun sein Haus renovieren lassen und seinen Kindern eine Weltreise spendieren.

A Was wird von mir verlangt?

1 *Löse zunächst die folgende Multiple-Choice-Aufgabe, indem du jeweils die richtige Antwort ankreuzt. Damit hast du klar herausgearbeitet, was die Aufgabe von dir verlangt.*

a) Ich soll den Text ...

- ☐ abschreiben
- ☐ umschreiben
- ☐ auf Fehler untersuchen

b) Die Handlung soll in eine andere ... gebracht werden.

- ☐ Textsorte
- ☐ Zeitform
- ☐ Schrift

c) Der Ausgangstext ist ...

- ☐ ein Brief
- ☐ eine Zeitungsmeldung
- ☐ ein Protokoll

d) Der Zieltext ist ...

- ☐ ein Abenteuerroman
- ☐ eine Fabel
- ☐ ein Märchen

B Informationen ordnen, Ideen finden

1 *Mache dir bewusst,* ***was sich*** *auf dem Weg vom Ausgangstext (Zeitungsmeldung) zum Zieltext (Märchen)* ***verändern muss.*** *Ordne dazu die Stichworte im Materialspeicher so in die Tabelle ein, dass sich jeweils Gegensatzpaare ergeben.*

Zeitungsmeldung	Märchen
tatsächliches Ereignis	wundersame Begebenheit

nur reale Personen
keine Wiederholungen
unterschiedlicher Ausgang
knapper Berichtstil
auch fantastische Figuren
tatsächliches Ereignis
fantasievoll
ausführlicher Erzählstil
sachlich
Wiederholungen
wundersame Begebenheit
am Ende siegt das Gute

2 *Halte dir noch einmal die* ***Besonderheiten eines Märchens*** *vor Augen. Fülle dazu die Lücken durch die Angaben.*

bestraft | Kinder, Arme, Königssöhne | Zauberer, gute Feen oder sprechende Tiere

Prüfungen bestehen | drei, sieben, zwölf | geraten sie in Gefahren

und wenn sie nicht gestorben sind, dann leben sie noch heute | Es war einmal

Ein Märchen enthält sprachliche Formeln wie ______________________________

oder ______________________________ und magische Zahlen (______________

______________________________). Zentrale Figuren sind oft ______________________.

______________________. Meistens ______________________________

und sie müssen ______________________________. Manchmal kommen den Haupt-

figuren dabei Fantasiewesen wie ______________________________ zu Hilfe.

Die Bösen werden am Ende ______________________________.

3 *Entsprechend der Aufgabenstellung sollen der* ***Handlungskern*** *aus der Zeitungsmeldung und* ***eine zentrale Figur*** *in deinem Märchen erhalten bleiben. Halte in der folgenden* ***Ideentafel*** *die Überlegungen und Entscheidungen fest, die du treffen musst:*

- ☐ *Notiere, wer die zentrale Figur deines Märchens sein soll.*
- ☐ *Überlege dir sowohl Gegenspieler, die deiner zentralen Figur schaden wollen, als auch Figuren, die ihr helfen könnten. In beiden Fällen kann es sich auch um Fantasiewesen handeln.*
- ☐ *Lege fest, welches Handlungselement aus der Zeitungsmeldung in dein modernes Märchen übertragen werden soll.*
- ☐ *Formuliere zum Schluss eine Überschrift für dein Märchen.*

Die zentrale Figur ist ______________________________

____

____

Überschrift für das Märchen: ______________________________

____

Gegenspieler sind ______________________________

____

____

Helfende Figuren: ______________________________

____

____

____

Mögliche Zauberformeln, die vorkommen könnten: ______________________________

____

____

____

Wichtiges Handlungselement: ______________________________

____

____

____

C Einen Schreibplan erstellen

1 *Du verfügst nun über eine Reihe von Ideen. Schau dir noch einmal deine Ideentafel an und streiche Notizen durch, die dir nicht mehr schlüssig erscheinen.*

2 *Jetzt geht es darum, alles in eine sinnvolle Anordnung zu bringen, damit tatsächlich ein interessantes Märchen entsteht. Ordne dazu Ideen und auch typische sprachliche Märchenformeln in das folgende* ***Flussdiagramm*** *ein.*

TIPP
Flussdiagramme helfen dir, einen Text aufzubauen. Abläufe und Handlungen lassen sich darin anschaulich darstellen.

Eröffnungsformel und Vorstellung der Hauptfigur und deren Aufgabe: Es war einmal ______

______

______

↓

Vorstellung der Gegner und deren böser Absichten: ______

______

______

↓

Kann z. B. 3-mal wiederholt werden

Situation (z. B. Gefahr), in die die Hauptfigur gerät: ______

______

______

Helfer und ihre Zauberformeln: ______

______

______

↓

Wunderbarer Sieg der Hauptfigur und Niederlage der Gegner: ______

______

______

↓

Schlussformel (auch in abgewandelter Form): Und wenn sie ______

______

D Übungen zum Umschreiben

1 *Prüfe den folgenden Auszug aus einer Textverwandlung. Streiche darin alle Stellen an, die verbessert werden sollten.*

2 *Verbessere die Sätze und schreibe sie in dein Heft.*

Es war einmal ein Feuerwehrmann. Der Feuerwehrmann hatte nicht viel Geld und konnte seinen Kindern kaum einen Wunsch erfüllen. Seit vielen Jahren wurde der arme Mann von einer Unglücksfee verfolgt, der in alle möglichen Dinge und Menschen hineinfuhr und dem Feuerwehrmann das Leben schwermachte. Eines Tages verwandelte sich die Unglücksfee in eine schlimme Wasserflut und verwüstete mein Haus. Da beschloss ich, zu einem großen Sender zu gehen und die Unglücksfee in einer Rateshow zu besiegen. Die ersten Fragen der Moderators sind einfach. Dann aber kommen drei ganz schwere Fragen ...

3 *Notiere, was der Schreiber dieses Textes falsch gemacht hat.*

In Zeile: ______________________________

In Zeile: ______________________________

In Zeile: ______________________________

In Zeile: ______________________________

4 *Schreibe nun dein Märchen, dem eine Zeitungsmeldung zu Grunde liegt, in dein Heft.*

E Checkliste für die Überarbeitung

1 *Überarbeite deine Umschreibung. Gehe dazu folgende Fragen durch:*

✔ Checkliste

- ☐ Sind Gut und Böse in meinem Märchen klar zu unterscheiden?
- ☐ Wird das Böse am Ende besiegt?
- ☐ Habe ich magische Zahlen (z. B. drei Prüfungen) eingebaut?
- ☐ Habe ich typische Märchenformeln („Es war einmal ...) eingefügt?
- ☐ Habe ich einfache Sätze und eine einfache Sprache verwendet?
- ☐ Habe ich Wortwiederholungen vermieden?
- ☐ Habe ich als Erzählzeit das Präteritum durchgehalten?
- ☐ Habe ich alles richtig geschrieben?
- ☐ Habe ich an jedes Satzende ein Schlusszeichen gesetzt?

„Der Schatz auf Pagensand" – Einen literarischen Text fortsetzen

Aufgabenstellung

Lies aufmerksam den Auszug aus dem Romananfang „Der Schatz auf Pagensand" von Uwe Timm. Setze die Abenteuergeschichte fort und finde einen passenden Schluss.

Uwe Timm

Der Schatz auf Pagensand

Die vier Freunde Jutta, Jan, Georg und Benno machen zu Beginn der Sommerferien eine Bootstour auf der Elbe, einem Fluss, der durch Hamburg fließt. Sie suchen nach einem Schatz, der auf Pagensand, einer Insel, versteckt sein soll. Auf ihrer Bootsfahrt erleben die vier Freunde viele aufregende Abenteuer. Plötzlich wechselt das Wetter, ein Gewitter zieht auf.

„Wir halten Kurs auf die Insel", brüllte Jan.
Die Wellen wurden höher und höher. Das Wasser spritzte immer öfter ins Boot. [...]
„Eine Planke ist gebrochen!", rief Georg. Das Wasser schoss mit einer kleinen Fontäne ins Boot, die ersten Wellen schlugen herein, dann sackte die „Freundin der Winde" ab. Sie lag bis zum Kajütdach im Wasser, wurde von den heranrollenden Wellen überspült. Der Mast brach durch die starke Schlingerbewegung in der Mitte ab, krachte auf das Kajütdach. Georg konnte sich gerade noch wegducken. Wir stiegen aus dem im Wasser liegenden Boot aus.
„Vorsichtig! Festhalten!", brüllte Jan. „Nicht wegschwimmen vom Boot!"
Wir hielten uns an dem treibenden Boot fest. Immer wieder wurden wir von Wellen überspült. Mit aller Kraft klammerte ich mich an dem Handlauf auf dem Kajütdach fest. Wenn eine größere Welle uns überspülte, wurde ich besonders stark weggerissen. Die Schwimmweste bot eine größere Angriffsfläche und hatte zugleich einen starken Auftrieb. Die Jungen tauchten bei jeder Welle ein, wie in einem Wellenbad, während ich mich mit aller Kraft festkrallen musste. Meine Hände waren eisig. Mir war kalt. Mir schlugen die Zähne vor Kälte und Erschöpfung aufeinander.
Ich wollte die Weste ausziehen, aber Jan, der neben mir hing, schrie: „Nein, anbehalten!"
Dann brachen sich die Wellen. Wir kamen in die Brandung. Und in dem Moment wurde das Boot mit großer Wucht auf den Grund geschleudert. Es krachte. Die Planken barsten. Der restliche Mast zersplitterte am Mastfuß. Und wieder wurde das Boot mit so großer Wucht auf den Grund geschleudert, dass ich durch den Stoß losgerissen wurde. Die Brandungswelle riss mich in die Tiefe. Ich war zum Schwimmen viel zu schwach, hatte Wasser geschluckt und ließ mich einfach treiben. Eine große Gleichgültigkeit überkam mich. Aber die Schwimmweste machte mich zu einem Korken. Wenn die Wellen über mir zusammenschlugen, wurde ich wieder hochgerissen, bis ich Grund unter den Füßen spürte und mich durch die Gischt an den Strand schleppte. Ich warf mich in den nassen Sand, lag da in dem peitschenden Regen und musste mich übergeben, spuckte das geschluckte Wasser aus. Am liebsten wäre ich liegen geblieben, aber dann dachte ich an Benno, Georg und Jan. [...] Ich lief zu ihnen, half ihnen ganz an den Strand zu kommen, dort ließen sie sich in den Sand fallen. So lagen wir eine lange Zeit da.
Wir hatten den Pagensand erreicht, aber als Schiffbrüchige.

A Was wird von mir verlangt?

1 *Ergänze den Lückentext mit den unten stehenden Begriffen.*

Bei dieser Art von Klassenarbeit wird von dir erwartet, dass du eine Geschichte, von der du den ______________________ vor dir liegen hast, ______________________. Dabei musst du besonders darauf achten, dass der ______________________ und deine ______________________ zu der Vorlage passen. Setze für deine Geschichte einen Schwerpunkt im ______________________ und denke dir einen ______________________ dazu aus.

Schluss | Hauptteil | weitererzählst | Stil | Anfang | Fortsetzung

TIPP
Um die Geschichte fortzusetzen, ist es wichtig, dass du den Inhalt der Geschichte verstanden hast und du genau weißt, **wie** die Kinder heißen, **wer** die Geschichte erzählt und **was** überhaupt passiert ist. Es hilft dir, wenn du diese Informationen im Text unterstreichst.

B Ideenfindung: Wie könnte die Geschichte weitergehen?

1 *Beantworte die folgenden Fragen zum Text. Schreibe in ganzen Sätzen in dein Heft.*
- *a) Wer erzählt die Geschichte?*
- *b) Wie heißt das Boot?*
- *c) Wie ist das Wetter?*
- *d) Plötzlich schießt Wasser ins Boot. Was ist passiert?*
- *e) Was geschieht mit dem Boot?*
- *f) Wie können sich die vier Freunde retten?*
- *g) Wie endet die Textstelle?*

TIPP
Unterstreiche im Text alle Namen, die vorkommen. Wer fehlt?

2 *Vervollständige den **Ideenstern** (▷ S. 6). Es gibt viele unterschiedliche Möglichkeiten, die Geschichte weiterzuerzählen.*

Die vier Freunde sind auf der Insel – wie geht es weiter?

- Kinder finden den Schatz und werden gerettet.
- Kinder müssen auf der einsamen Insel ums Überleben kämpfen.
- ______________________
- ______________________
- ______________________
- ______________________

3 *Welcher Fortgang oder welcher Schluss der Geschichte gefällt dir am besten? Entscheide dich für eine Möglichkeit und notiere sie hier:*

____

____

C Einen Schreibplan erstellen

Um eine spannende Geschichte zu erzählen, musst du dir vorher Gedanken zum Aufbau machen. Mache dies schriftlich, in Stichworten und in Form eines **Schreibplans.** Er könnte so aussehen:

Erzählschritt 1:	Die Insel ist unbewohnt. Die Freunde haben keine Lebensmittel und ernähren sich von Wasser und Beeren.
Erzählschritt 2:	Nach vier Tagen ist immer noch keine Rettung in Sicht. Es kommen keine Boote vorbei, die Freunde werden immer verzweifelter.
Erzählschritt 3:	Benno hat einen Plan: Die Freunde sammeln Äste und schreiben „Hilfe" an den Strand.
Höhepunkt:	Ein Hubschrauber fliegt vorbei ...
Erzählschritt 4:	Der Hubschrauber entdeckt die Kinder und rettet sie.
Schluss:	Die vier Freunde planen, in den nächsten Ferien die Suche nach dem Schatz fortzusetzen.

1 *Erstelle dir nun in deinem Heft einen Schreibplan mit deinen Ideen.*

D Übungen zum Schreibstil und Aufbau der Geschichte

1 *Nachdem du nun Ideen zum Fortgang der Geschichte gesammelt hast, solltest du dir noch ein paar Gedanken zum richtigen* **Schreibstil** *machen.*
Kreuze die richtigen Antworten an.

a) ☐ Die Geschichte schreibe ich in der Ich-Form.
☐ Die Geschichte schreibe ich in der Er-Form.

b) ☐ Ich wähle das Präsens als Tempus meiner Geschichte.
☐ Ich wähle das Präteritum als Tempus meiner Geschichte.

c) ☐ Ich verwende wörtliche Rede.
☐ Ich brauche keine wörtliche Rede.

d) ☐ Meine Wortwahl ist eher sachlich.
☐ Meine Wortwahl ist eher spannend.

2 *Einen* ***Anfang*** *zu machen, ist oft am schwierigsten. Nimm den letzen Satz des Erzähltexts als Ausgangspunkt für die Fortsetzung deiner Geschichte. Schreibe dann weiter in dein Heft.*
Beispiel: Wir hatten den Pagensand erreicht, aber als Schiffbrüchige. Erschöpft schliefen wir ein und wachten erst am nächsten Morgen auf. „Ich habe solchen Hunger", maulte Jan ...

3 *Tina und Paul haben eine Fortsetzung geschrieben. Welche* ***Ausgestaltung des Höhepunkts*** *ist gelungen, welche nicht? Begründe deine Meinung und schreibe sie in dein Heft.*

Tina: Wir waren verzweifelt. Hunger und Durst quälten uns. Wir saßen nun schon seit vier endlosen Tagen hier fest. „Ich kann nicht mehr", seufzte Jan. Wir waren kurz davor, Blätter zu essen. Plötzlich hatte Benno eine Idee, er war ganz aufgeregt ...

TIPP

Der **Höhepunkt einer Geschichte** sollte spannend und anschaulich erzählt werden. Dies schaffst du, indem du
- wörtliche Rede verwendest,
- die Gefühle und Wahrnehmungen der Figuren genau beschreibst,
- aussagekräftige Verben und zutreffende Adjektive verwendest. (▷ S. 7–9)

Paul: Wir hatten seit Tagen nichts Vernünftiges mehr gegessen oder getrunken, außer Regenwasser, das wir mit unseren Mützen aufgesammelt haben. Was sollten wir tun? Benno hatte aber eine Idee und erzählte sie uns. Wir waren sofort einverstanden.

4 *Schreibe deine Ausgestaltung des Höhepunkts ins Heft.*

5 *Jetzt fehlt dir zu deiner Geschichte nur noch der passende* ***Schluss.*** *Gib an, welche Schlusssätze du geeignet findest.*
Begründe anschließend deine Wahl.

TIPP

Am **Schluss** einer Geschichte löst sich die Spannung auf. Du kannst deine Geschichte sinnvoll ausklingen lassen, indem du die Handlung auflöst und auf den Anfang zurückkommst.

1. Nun sind die Sommerferien zu Ende und wir haben eine Menge zu erzählen.
2. Ende gut – alles gut. Und wenn sie nicht gestorben sind, dann leben sie noch heute.
3. In den nächsten Ferien machen wir weiter. Wir werden den Schatz finden.
4. Wir schliefen schnell ein, da wir so geschafft waren.
5. Für den Schatz bekamen wir eine Belohnung. Dafür kauften wir uns ein neues Boot, eine neue „Freundin der Winde".

Ich finde die Sätze: ______________ gut, weil ______________

____

6 *Schreibe nun den Schluss deiner Geschichte ins Heft.*

E Checkliste zum Überarbeiten

1 *Gehe die Checkliste durch und überarbeite, wenn nötig, deinen Text.*

☑ Checkliste

ja	nein	Kriterien
☐	☐	Ist meine Fortsetzung spannend und anschaulich und enthält
☐	☐	◻ wörtliche Rede?
☐	☐	◻ anschauliche und abwechslungsreiche Verben und Adjektive?
☐	☐	◻ eine Beschreibung von Sinneseindrücken?
☐	☐	Ist meine Geschichte logisch aufgebaut? (z. B. Reihenfolge der Ereignisse)
☐	☐	Hat meine Geschichte einen Höhepunkt?
☐	☐	Habe ich die Geschichte sinnvoll abgeschlossen?
☐	☐	Habe ich das richtige Tempus (hier: Präteritum) verwendet?
☐	☐	Habe ich meine Geschichte auf korrekte Rechtschreibung überprüft?

Test für die Jahrgangsstufe 5

Mit dem folgenden Test kannst du feststellen, ob du wichtige Unterrichtsstoffe des 5. Schuljahres tatsächlich beherrschst. Er bereitet dich jetzt schon auf spätere Lernstandstests vor und zeigt dir, welche Aufgabenarten dich dort erwarten.

Uwe Timm

Rennschwein Rudi Rüssel

Zuppi und ihre Familie kaufen bei einem Wochenendausflug auf einem Dorffest einige Lose. Zuppi, die kleine Schwester des Erzählers, gewinnt den Hauptpreis, ein Ferkel.

„Du hast Schwein. Du hast nämlich ein kleines Schwein gewonnen." Und dann hob der Mann ein Ferkel aus einer Kiste und drückte es Zuppi in die Arme. Die Leute klatschten und lachten. Zuppi schleppte breit grinsend das Ferkel zu unserem Tisch und setzte es Mutter auf den Schoß. Es war ein sauberes rosiges Tier, mit einer dicken Schnauze, kleinen flinken Äuglein und großen Schlappohren.

Es sah wirklich niedlich aus, trotzdem machte Vater ein finsteres Gesicht. Als ein Bauer, der an unserem Tisch saß, uns zu dem Ferkel gratulierte, lächelte Vater gequält. Man muss wissen, Vater mag keine Haustiere. Tiere gehören nicht ins Haus, sagt er immer. Und jetzt hatte Mutter dieses Ferkel auf dem Schoß und kraulte ihm das eine Schlappohr.

„Niedlich, nicht", sagte Zuppi begeistert, „guck mal dieser kleine Ringelschwanz." Vater nahm die Pfeife aus dem Mund. „Ganz nett", sagte er, „aber wenn wir gehen, dann gibst du das Tier zurück!"

„Nein", rief Zuppi, „ich hab das gewonnen. Das gehört mir."

„Wir können das Tier doch nicht mitnehmen."

Da begann Zuppi zu weinen, und wenn sie weint, dann tut sie das ziemlich laut. Von den anderen Tischen sahen sie herüber. Warum weinte das kleine Mädchen, das doch eben ein Glücksschwein gewonnen hatte?

Vater, der schon die Hand ausgestreckt hatte, um das Ferkel auf den Boden zu setzen, zog die Hand wieder zurück. Die Leute am Nachbartisch sahen ihn finster an. Es hatte aber auch so ausgesehen, als habe er dem Ferkel einen Klaps geben wollen.

„Gut, gut", sagte Vater, „dann behalt das Vieh erstmal."

Vater zahlte, und wir gingen zum Auto zurück. Wir mussten ziemlich lange laufen, obwohl wir den kürzesten Weg nahmen. Das Ferkel mussten wir tragen. Denn wenn wir es laufen ließen, wollte es uns einfach nicht folgen, sondern rannte mal hierhin und mal dahin. Es ist erstaunlich, wie schwer Ferkel sind, viel schwerer als gleich große Hunde.

Schließlich konnten wir nicht mehr, obwohl wir drei Kinder uns beim Tragen immer wieder abwechselten. Mutter schleppte es eine lange Strecke. Sie trug das Ferkel wie eine Sofarolle unter dem Arm. Als sie nicht mehr konnte, wollte sie es Vater zum Tragen geben. Aber der sagte: „Wenn ihr das Tier mitnehmen wollt, dann müsst ihr es auch allein tragen." Wir fanden das ziemlich gemein, sagten aber vorsichtshalber nichts.

Als wir endlich zum Auto kamen, waren wir fix und fertig. Mutter nahm das Ferkel auf den Schoß, damit es nicht die Polster schmutzig machte. Dabei war es ganz sauber.

„Schweine sind immer dreckig", sagte Vater, „sie lieben den Dreck. Was meint ihr wohl, woher das kommt, wenn man sagt, jemand isst wie ein Schwein, oder das Zimmer ist ein richtiger Schweinestall?" Es war natürlich klar, was er damit meinte, unser Kinderzimmer natürlich.

Wir waren noch nicht weit gefahren, da schrie Mutter auf. Das Ferkel hatte ihr auf das Kleid gepinkelt. „Jetzt reicht's", sagte Vater. Beim nächsten Bauernhof hielt er an.

1 *Lies den Text „Rennschwein Rudi Rüssel" von Uwe Timm aufmerksam durch.*

2 *Kreuze in der folgenden Liste Aussagen an, die deiner Meinung nach zutreffen.*

- ☐ a) Der Vater will Zuppi nicht erlauben, das Ferkel mit in die Wohnung zu nehmen, weil das Kinderzimmer sonst bald ein richtiger Schweinestall wäre.
- ☐ b) Die Kinder haben das Ferkel bald in ihr Herz geschlossen.
- ☐ c) Der Erzähler hatte schon vorher einige Erfahrungen mit Ferkeln gemacht.
- ☐ d) Ein Ferkel wiegt ungefähr so viel wie ein gleich großer Hund.
- ☐ e) Der Erzähler vermittelt den Eindruck, dass seine kleine Schwester Zuppi das Weinen als Mittel einsetzt, um ihre Wünsche durchzusetzen.
- ☐ f) Die Kinder sagen dem Vater, dass er gemein sei, weil er ihnen das Ferkel wegnehmen wolle.
- ☐ g) Die Mutter mag das Tier auch nicht.
- ☐ h) Schließlich will der Vater das Ferkel auf einem Bauernhof abgeben.

TIPP

- ☐ Aufgabe 2 ist eine **Multiple-Choice-Aufgabe.** Das Wort kommt aus dem Englischen und bedeutet, dass man aus mehreren angebotenen Antwortmöglichkeiten die zutreffenden angeben soll. Die Anzahl der richtigen Aussagen ist dabei nicht immer angegeben. Auch bei Aufgabe 2 gibt es mehrere richtige Aussagen, die anzukreuzen sind.
- ☐ Einige der Aussagen sind nicht ganz falsch, aber auch nicht ganz richtig. Diese Aussagen sind die schwierigsten. Du solltest sie nicht ankreuzen, wenn du meinst, dass diese Aussagen nicht vollständig mit den Angaben im Text übereinstimmen.
- ☐ Lies im Text nach, wenn du nicht ganz sicher bist, ob eine Aussage richtig oder falsch ist.
- ☐ Bei einigen der Aussagen reicht es nicht, an einer einzigen Textstelle nachzulesen. Diese Aussagen beziehen sich auf den gesamten Text oder auf mehrere Textstellen. Du musst hier den ganzen Text vor Augen haben.

3 *Lies noch einmal die ersten fünf Sätze des Textes auf S. 52. Schreibe aus diesen Sätzen die unten genannten* ***Satzglieder*** *heraus:*

a) **ein Subjekt** ____________________

b) **ein Prädikat** ____________________

c) **ein Akkusativobjekt** ____________________

d) **ein Dativobjekt** ____________________

e) **eine adverbiale Bestimmung des Ortes** ____________________

f) **eine adverbiale Bestimmung der Art und Weise** ____________________

4 *Welche Teilaussagen in der Zusammenstellung unten passen zusammen? Bilde zutreffende Aussagen, indem du Informationen aus den beiden Spalten miteinander kombinierst. Notiere die vollständigen Sätze:*

In einer Satzreihe können nebenordnende Konjunktionen Sätze miteinander verbinden.

Am Ende eines Aufforderungssatzes	können nebenordnende Konjunktionen Sätze miteinander verbinden.
Pronomen	sind Tempora.
Nach einer adverbialen Bestimmung des Grundes	steht ein Ausrufezeichen.
Adjektive und Nomen	werden konjugiert.
Singular und Plural	werden dekliniert.
In einer Satzreihe	fragt man mit „warum?“.
Präsens und Perfekt	ersetzen Nomen.
Verben	sind Bezeichnungen für den Numerus.

TIPP

- Aufgabe 4 ist eine **Matching-Aufgabe** (engl.: dazu passend). Als Vorgehensweise empfiehlt es sich, erst alle Teilaussagen in beiden Spalten anzusehen und dann zu überlegen, welche Informationen zusammengehören.
- Manchmal scheinen Matching-Teile auf den ersten Blick zusammenzupassen. Z. B. bilden die beiden Teile jeder Zeile einen grammatikalisch richtigen Satz. Denkt man aber über den Satz nach, merkt man, dass er keinen Sinn ergibt.

5 *Finde in dem folgenden Textauszug Beispiele für* ***Wortarten.***
Notiere:

Schließlich konnten wir nicht mehr, obwohl wir drei Kinder uns beim Tragen immer wieder abwechselten. Mutter schleppte es eine lange Strecke. Sie trug das Ferkel wie eine Sofarolle unter dem Arm. Als sie nicht mehr konnte, wollte sie es Vater zum Tragen geben.

a) **ein Nomen im Nominativ** ________________________

b) **ein Nomen im Akkusativ** ________________________

c) **eine Präposition** ________________________

d) **ein Adjektiv** ________________________

e) **ein Verb im Infinitiv** ________________________

f) **ein Verb im Präteritum** ________________________

g) **ein Personalpronomen** ________________________

h) **einen bestimmten Artikel** ________________________

i) **einen unbestimmten Artikel** ________________________

j) **eine Konjunktion** ________________________

6 *Der Text auf S. 52 geht folgendermaßen weiter:*

SO SAGTE ER JETZT SCHENKEN WIR DAS FERKEL EINEM BAUERN. SCHWEINE GEHÖREN AUFS LAND UND NICHT IN EINE STADTWOHNUNG. ZUPPI BEGANN ZU SCHREIEN. SIE KANN SO LAUT SCHREIEN, DASS MAN SICH DIE OHREN ZUHALTEN MUSS. RUHE BRÜLLTE VATER. SCHWEINE WERDEN TRAURIG, WENN SIE NUR HÄUSER UND KEINE FELDER UND WIESEN SEHEN. ZUPPI SCHRIE WEITER. LASS IHR WENIGSTENS EIN PAAR TAGE DAS FERKEL SAGTE MUTTER SIE HAT ES NUN MAL GEWONNEN. WIR KÖNNEN ES JA IMMER NOCH WEGGEBEN.

Schreibe die Fortsetzung in dein Heft ab und entscheide dabei,
a) welche Wörter groß- und welche kleingeschrieben werden.
b) Setze außerdem weitere Satzzeichen, die notwendig sind.

TIPP
Beachte bei der Niederschrift besonders die Anführungszeichen und die Kommas bei der wörtlichen Rede.

Auswertung

In allen Übungen zusammen:	**Du beherrschst wesentliche Unterrichtsstoffe der Klasse 5 …**
0–5 Fehler	… sehr gut.
6–10 Fehler	… gut. Einige weitere Übungen könnten nicht schaden.
11–15 Fehler	… einigermaßen. Du solltest weiter üben.
16–20 Fehler	… teilweise. Du solltest intensiv üben.
über 21 Fehler	… nicht ausreichend. Du solltest alles noch einmal gründlich wiederholen.

Autoren- und Textquellenverzeichnis

S. 29, 32: aus: Funke, Cornelia: Potilla und der Mützendieb. Dressler Verlag, Hamburg 1992; **S. 33:** Lanzke, Alice: Der Honigdachs – Ein Leckermaul auf der Jagd. Aus: Geolino Nr. 11/2005, S. 64; **S. 48:** Timm, Uwe: Der Schatz auf Pagensand. Verlag Nagel & Kimche, Zürich, München 1995; **S. 52:** Timm, Uwe: Rennschwein Rudi Rüssel. Verlag Nagel & Kimche, Zürich, München 1989, S. 10 f.

Bildquellenverzeichnis

S. 13, 14: Thomas Schulz, Berlin; **S. 17, 19:** Fotos: John Freeman, aus: Thomasina Smith, Spaß mit Schminke. Bechtermünz Verlag im Weltbild Verlag, Augsburg 1998; **S. 35:** OKAPIA, Frankfurt a. Main; **S. 40:** Norbert, Pabelick, Köln

Impressum

Redaktion: Birgit Wernz
Bildrecherche: Gabi Sprickerhof

Illustrationen: Jutta Melsheimer, Berlin (S. 21, 22, 23, 25, 33, 41, 47), Dana Juliane Fret, Leipzig (S. 3, 5, 7, 8, 13, 17, 19, 20, 29, 30, 38, 52, 53), Maja Bohn, Berlin (S. 10, 11, 12, 48, 50)
Umschlaggestaltung: Katrin Nehm
Layoutkonzept: Katharina Wolff
Layout und technische Umsetzung: werkstatt für gebrauchsgrafik, Berlin

www.cornelsen.de

1. Auflage, 6. Druck 2018

Druck: Athesiadruck GmbH

ISBN 978-3-464-68091-9

PEFC
PEFC/18-31-166

PEFC zertifiziert
Dieses Produkt stammt aus nachhaltig bewirtschafteten Wäldern und kontrollierten Quellen.

www.pefc.de